AF611346

BIBLIOTECA DE DERECHO ADMINISTRATIVO

Luigi Garofalo
**(Director)**

Carlos Antonio Agurto Gonzáles
Sonia Lidia Quequejana Mamani
Benigno Choque Cuenca
**(Coordinadores Generales)**

John Clarke Adams

# Derecho Administrativo Norteamericano

Presentación
**Allan R. Brewer-Carías**
Profesor Emérito de la Universidad Central de Venezuela

Edición al cuidado de
**Carlos Antonio Agurto Gonzáles**
**Sonia Lidia Quequejana Mamani**
**Benigno Choque Cuenca**

Título: Derecho Administrativo Norteamericano



Traducción de Dionisio Petriella


Huérfanos 611, Santiago - Chile
E-mail: contacto@edicionesolejnik.com
Web site: http://www.edicionesolejnik.com

Primera edición en Ediciones Olejnik: 2020

ISBN: 978-956-392-702-3

Diseño de Carátula: Ena Zuñiga
Diagramación: Luis A. Sierra Cárdenas



DERECHO ADMINISTRATIVO NORTEAMERICANO, de JOHN CLARKE ADAMS, primera edición de Ediciones Olejnik, se imprimío en la República de Argentina en octubre de 2020

# ÍNDICE

CAPÍTULO IV
LOS RECURSOS ANTE LOS TRIBUNALES ORDINARIOS EN EL DERECHO ADMINISTRATIVO NORTEAMERICANO



CAPÍTULO V
CONCLUSIÓN

*AGRADECIMIENTO*

*El autor agradece a los doctores Salvatore Cimmino y Giandomenico Majone por la valiosa ayuda surgida del diálogo y de la lectura del manuscrito.*

# PRESENTACIÓN

POR ALLAN R. BREWER-CARÍAS,
Profesor emérito, Universidad Central de Venezuela

No es frecuente que los académicos norteamericanos que trabajan en el marco del derecho público (a diferencia de lo que ocurre en el marco del derecho privado), se aventuren a estudiar las instituciones jurídicas del derecho continental y buscar establecer alguna comparación con las instituciones que rigen en los Estados Unidos. De allí que son relativamente pocos los comparatistas norteamericanos, entre quienes, en cambio, lo que más bien encontramos son destacadísimos especialistas en derechos extranjeros.

Por ello, esta obra del profesor John Clarke Adams sobre derecho administrativo norteamericano tiene una destacada importancia, ya que la misma, más que un estudio del derecho administrativo en Norteamérica, es un estudio de derecho comparado entre las instituciones del derecho continental francés e italiano en materia de derecho administrativo, y lo que puede configurarse como derecho administrativo en Norteamérica. Poe eso, el título en inglés de esta obra, en la versión editada en Syracuse en 1973, fue: *Administrative Law. A Short comparaison of the West European and Ango American Systems* (Inter University case program, Syracuse NY, 1973); y en una versión en francés fue «Aperçu sur le droit administrative américain» publicada en la *International Revue of Administrative Sciences*, Vol 23, No. 4, Bruxelles 1957, pp. 453-466.

El profesor Adams fue profesor de Ciencia Política en la Universidad de Siracusa en el Estado de Nueva York, y fue entre los profesores de la *Maxwell School of Citizenship* de esa Universidad, de los que a mitades del siglo pasado fueron responsables de llevar adelante y desarrollar el programa de enseñanza de Estudios para Graduados que dicha Escuela y Universidad establecieron en Florencia, Italia. Ello lo llevó a desarrollar una amplia labor docente fuera de los Estados Unidos, particularmente en Italia, buscando explicar a audiencias de juristas europeos, las instituciones del derecho administrativo norteamericano, pero haciéndolo en comparación con las instituciones del derecho administrativo continental, la cuales estudió bien.

Por eso, este libro, en definitiva, es una explicación del derecho administrativo en Norteamérica hecha para lectores tanto anglosajones como europeos, expuesta en forma comparada con las instituciones del derecho administrativo europeo; comparación de la cual resulta clara la diferencia entre ambos, y que de bulto se aprecia por el hecho de que, como bien lo expresa el autor en el libro, muchas de las instituciones que consideramos como propias del derecho administrativo continental europeo y de América Latina, quedan fuera de la órbita de derecho administrativo norteamericano, porque en realidad han sido apoderadas por los estudiosos de las ciencias políticas y las ciencias administrativas o del derecho constitucional.

De allí que desde el punto de vista estrictamente del derecho administrativo continental, el ámbito del derecho administrativo norteamericano se nos aparezca como materialmente limitado al estudio por una parte del procedimiento administrativo, en gran parte como resultado de la sanción en 1946 del importante *Administrative Procedure Act;* y al estudio de la organización y actuación de las Administraciones independientes (*Regulatory Commissions*) que materialmente forman el corazón de la Administracion en sus relaciones con los administrados.

En contraste, el ámbito del derecho administrativo continental, del cual por supuesto es tributario el derecho administrativo de América Latina, se nos muestra desde el punto de vista comparado,[*] en todo su amplitud, como un derecho estatal, es decir, un derecho del Estado en el sentido de que además de emanar de éste, está destinado a regular una parte esencial de su organización y actividad; particularmente la Administración Pública como complejo orgánico, su organización y funcionamiento; el ejercicio de la función administrativa, y las relaciones jurídicas entre las personas jurídicas estatales y los administrados; siendo su objeto, por tanto, normar instituciones de carácter público que persiguen fines públicos y colectivos, situados por encima de los intereses particulares.

[*] Véase Allan R. Brewer-Carías, «Derecho administrativo comparado,» en Lucio Pegoraro (Coordinador General), *Glosario de Derecho Público Comparado*, Biblioteca Porrúa de Derecho procesal Constitucional, Universidad Nacional Autónoma de México, Editorial Porrúa, México 2012, pp. 84-90; y en *Revista Electrónica de Derecho Administrativo Venezolano,»* Centro de Estudios de Derecho Público, Universidad Monteávila, N° 4, Caracas septiembre-diciembre 2014. pp. 13-22

En relación con todos esos aspectos que configuran su objeto se puede realizar una aproximación comparativa sobre nuestra disciplina, que sin duda contrasta con el contenido de la misma en Norteamérica.

Siendo un derecho que regula al Estado, en efecto, el derecho administrativo se presenta siempre, como un derecho dinámico, en constante evolución, como consecuencia directa de los cambios que se operan en el ámbito social y político de cada sociedad, por lo que además de ser un derecho del Estado, regulador tanto de sus fines y cometidos, como de los poderes y prerrogativas que tiene que tener para poder hacer prevalecer los intereses generales y colectivos frente a los intereses individuales, es también un derecho regulador del ejercicio de los derechos y garantías de los administrados.

Por ello, también, es un derecho regulador del necesario equilibrio que debe existir entre los intereses públicos, colectivos o generales que debe proteger y garantizar, y los intereses individuales y privados que también debe garantizar, lo que cabalmente sólo se puede lograr en un Estado de derecho funcionando en un régimen democrático que es en el cual la supremacía constitucional puede estar asegurada, la separación y distribución del Poder sea el principio medular de la organización del Estrado, donde el ejercicio del Poder Público pueda ser efectivamente controlado, y donde los derechos de los ciudadanos puedan ser garantizados por un Poder Judicial independiente y autónomo. Sin democracia y sin dicho control, el derecho administrativo no pasaría de ser un derecho del Poder Ejecutivo o de la Administración Pública, el cual incluso podría estar montado sobre un desequilibrio o desbalance, donde las prerrogativas y poderes de la Administración pudieran predominar en el contenido de su regulación.

Siendo un derecho del Estado, el objeto fundamental del derecho administrativo es la Administración Pública, tanto en cuanto a su funcionamiento como a su actuación. Para ello, siendo la Administración Pública parte esencial de la organización del Poder Ejecutivo, el derecho administrativo contemporáneo encuentra sus bases no sólo en las leyes concernientes a su objeto, sino en las Constituciones políticas, en las cuales, cada vez con más frecuencia, se han incorporado previsiones de esta disciplina. Por ello, en el derecho público contemporáneo se puede hablar del proceso de constitucionalización del derecho administrativo, mediante el cual se han incorporado en los textos constitucionales, por ejemplo, previsiones relativas a la actuación del Poder Ejecutivo, y en especial a la Administración Pública al servicio del ciudadano, incluyendo previsiones sobre su conformación territorial conforme al principio federal, regional y en todo caso descentralizador y municipal. Entre esas previsiones están también lar relativas a la creación de entidades descentralizadas; a la transparencia gubernamental; al acceso a la información administrativa; al principio de legalidad y su control; y, en fin, a la actividad administrativa.

Por tanto, vinculado a la descripción de su objeto, bien podría también señalarse que el derecho administrativo es aquella rama del derecho público que regula los sujetos de derecho o personas jurídicas que conforman al Estado; la Administración Pública como complejo orgánico de esas personas jurídicas estatales, y su organización y funcionamiento; el ejercicio de la función administrativa dentro de las funciones del Estado; la actividad administrativa, la cual siempre tiene un carácter sublegal, realizada por los órganos de las personas jurídicas estatales; y las relaciones jurídicas que se establecen entre las personas jurídicas estatales o las que desarrollan la actividad administrativas, y los administrados.

En particular, en cuanto a la actividad administrativa, conforme al principio de legalidad, el régimen de derecho administrativo impone que solo debe ejercerse por los órganos competentes ciñéndose a lo establecido en la Constitución y en las leyes y, en particular, conforme al procedimiento legalmente establecido. Por ello, las actuaciones realizadas por órganos incompetentes, sin observancia del procedimiento legalmente prescrito o que usurpen la reserva legal, constituyen vías de hecho y vician los actos administrativos dictados de nulidad. En particular, respecto de los reglamentos, los mismos no pueden regular materias reservadas a la ley, como es el caso de la tipificación de delitos, faltas o infracciones administrativas, el establecimiento de penas o sanciones, así como tributos y contribuciones.

En esta forma, uno de los principales signos formales del afianzamiento del principio de la legalidad en el derecho administrativo contemporáneo, ha sido el sometimiento de la actuación de la Administración Pública a normas procedimentales que aseguren a los administrados un trato justo, basado en la buena fe y en la confianza legítima, mediante la previsión de un procedimiento formalmente regulado, en el cual se garantice el derecho a la defensa y, en general, el debido procedimiento administrativo. La consecuencia de ello es que una de las características del derecho administrativo contemporáneo sea la conocida tendencia a codificar el procedimiento administrativo mediante la sanción de leyes especificas que los regulen, incluyendo la simplificación de trámites administrativos, para racionalizar las tramitaciones que realizan los particulares ante la Administración Pública y a garantizar la participación ciudadana en la formación de los actos administrativos. A ello, como se aprecia de este libro del profesor Clarke, tampoco escapó el derecho administrativo norteamericano.

Estas leyes de procedimientos administrativos han consolidado la formalización o juridificación del derecho administrativo, al positivizarse lo que al comienzo eran solo principios generales de la disciplina, estableciéndose en las leyes detalladas previsiones sobre los actos administrativos, su formación, efectos, ejecución, revisión y control; el principio de su irrevocabilidad cuando creen o declaren derechos a favor de particulares; los vicios de nulidad que pueden afectarlos, y los principios para su revisión mediante recursos. La consecuencia es que a partir de la entrada en vigencia de estas leyes, comenzó a ser más segura la posibilidad de ejercer el control judicial efectivo sobre la actividad de la Administración Pública, siendo dichas leyes la fuente del derecho administrativo formal más importante, con base en la cual la jurisprudencia ha enriquecido la disciplina.

Por otra parte, el procedimiento administrativo en el mundo contemporáneo se ha enriquecido con los principios del debido proceso cuya garantía también está obligada la Administración Pública a respetar, particularmente en los procedimientos sancionatorios, regulándose en las leyes administrativas no sólo la garantía de que la decisión administrativa se adopte por el órgano competente; sino respecto de los administrados, el derecho a la presunción de inocencia; el derecho a la defensa y a ser informado de los cargos formulados; el derecho a ser oído; el derecho a utilizar los medios de prueba pertinentes para su defensa; el derecho a no confesarse culpable y no declarar contra sí misma; el derecho a la tutela efectiva de los derechos e intereses del sancionado; y el derecho a la doble instancia. Todos estos principios fueron los que llevaron a superar, por ejemplo, instituciones que décadas atrás habían sido aceptadas, como la aplicación del principio *solve et repete* como condición para acceder a la justicia contencioso-administrativa, el cual en muchos países se ha considerado inconstitucional.

Como se ha dicho, en la actuación administrativa, la competencia de las autoridades administrativas siempre tiene que estar prevista en texto legal expreso, en el cual se autorice la actuación del funcionario. Esta previsión legal de la competencia, sin embargo, si bien en muchos casos está prevista con precisos límites en la ley, en muchos otros casos, es la ley la que le otorga al funcionario cierta libertad para elegir entre uno y otro curso de acción, apreciando la oportunidad o conveniencia de la medida a tomarse. En este último caso, se está en presencia del ejercicio de poderes discrecionales, que existen, precisamente cuando la ley permite a la Administración apreciar la oportunidad o conveniencia para la emisión del acto administrativo de acuerdo a los intereses públicos envueltos, teniendo el poder de elegir entre diversas alternativas igualmente justas. El tema central en materia de discrecionalidad, sin embargo, ha sido el de su limitación para evitar la arbitrariedad administrativa, y someter a control judicial la totalidad de las actividades administrativas, precisando las áreas de actuación que no constituyen discrecionalidad como el caso de la aplicación de conceptos jurídicos indeterminados. En consecuencia, mientras las competencias discrecionales dejan al funcionario la posibilidad de escoger según su criterio una entre varias soluciones justas, en materia de la aplicación de un concepto jurídico indeterminado no sucede lo mismo, pues en su aplicación sólo se admite una sola solución justa y correcta, que no es otra que aquélla que se conforme con el espíritu, propósito y razón de la norma que autoriza la actuación.

Pero incluso depurada en esta forma la actividad discrecional, la libertad dada al funcionario para desarrollarla también está sometida a límites y controles en aplicación de principios generales del derecho como los de razonabilidad y racionalidad; de lógica, la justicia y la equidad; y de proporcionalidad, los cuales progresivamente se han venido incorporando como texto expreso en leyes de procedimiento administrativo.

Otra forma de ejercicio de la actividad administrativa, además de la acción unilateral, manifestada a través de los actos administrativos, es la que se realiza a través de contratos que la Administración Pública celebra con los administrados, que en esa forma asumen el rol de colaboradores de la Administración. En esta forma, los contratos del Estado o contratos administrativos se configuran otro de los contenidos esenciales de la disciplina, los cuales después de su larga creación jurisprudencial, también han sido objeto de legislaciones especiales sobre Contratos del Estado, particularmente destinadas a establecer los principios para la selección de contratistas, a los efectos de asegurar la transparencia de las actividades administrativas.

Otro de los principios fundamentales del derecho administrativo propio del Estado de derecho, ha sido la consolidación de la responsabilidad administrativa, tanto de los funcionarios como de la Administración Pública, es decir, de las personas jurídicas estatales de cuyos órganos administrativos aquéllos son titulares; y no sólo contractual sino extracontractual. Aún cuando como en casi todas las regulaciones del derecho administrativo, el régimen de derecho privado también está a la base del desarrollo de los principios de la responsabilidad administrativa, en ésta, sin embargo, se han configurado principios propios relativos a garantizar la responsabilidad objetiva de la Administración, causada por incluso por su funcionamiento normal, cuando se causa un daño individualizable incluso en ejercicio legítimo de potestades públicas, descartándose así la culpa del funcionario como fundamento único medio para justificar el derecho de indemnización.

Como se ha dicho, conforme a los postulados del Estado de Derecho y con base en el principio de la legalidad, todos los actos estatales están sometidos al derecho y todos son controlables judicialmente por razones de constitucionalidad o de legalidad. En consecuencia, ningún acto estatal debería escapar al control del Poder Judicial, y en particular, de los órganos de la Jurisdicción Contencioso Administrativa cuya creación en el mundo contemporáneo es otra de las tendencias del derecho administrativo. Ese no es el caso, sin embargo, del derecho Norteamericano, donde el control judicial de la Administración y sus actos se realiza mediante los medios judiciales ordinarios aplicables a todos los procesos.

De resto, como se ha dicho, en particular, siendo los actos administrativos siempre de carácter sublegal, los mismos están sometidos al control judicial por parte de los tribunales con competencia contencioso administrativa, que en la mayoría de los países del mundo contemporáneo se conforma por tribunales especializados (con excepciones, en América Latina, en países como Chile), aún cuando no necesariamente separados del Poder Judicial como sucede con el originario modelo francés. Esto por supuesto contrasta con el derecho norteamericano, donde son los tribunales ordinarios los que conocen de las impugnaciones contra actos de la Administración, mediante las vías judiciales generales.

En todos esos casos del control judicial de los actos de la Administración, a los tribunales competentes no sólo tienen acceso los administrados cuyos intereses personales, directos y legítimos hayan sido lesionados por la actividad administrativa, como es la situación general de la legitimación en estos procesos, sino que también progresivamente la legitimación se ha extendido a la protección de intereses difusos, es decir, los concernientes a la calidad de vida de la población como los daños al ambiente o a los consumidores; y de los intereses colectivos, referidos estos últimos, por ejemplo, a un sector poblacional determinado e identificable.

Estos tribunales contencioso administrativos, por otra parte, en el mundo contemporáneo, no sólo ejercen una competencia de control objetivo de la actuación de la Administración tendiente a la anulación de los actos administrativos ilegales, sino una competencia de orden subjetiva, para también poder condenar a la Administración al pago de sumas de dinero, y a la reparación de daños y perjuicios originados en responsabilidad administrativa, y para disponer lo necesario para restablecer las situaciones jurídicas subjetivas que pudiesen haber sido lesionadas por la actividad administrativa. Ello implica que los jueces contencioso administrativos son los llamados no sólo para anular actos administrativos, sino para conocer y decidir con plenitud y dentro de los límites de su competencia, todas las demandas que se puedan intentar contra los entes públicos basadas en pretensiones subjetivas. Además, el ámbito del control que ejercen los jueces contencioso administrativo se ha extendido también a las abstenciones o negativas de los funcionarios administrativos a dictar específicos y concretos actos administrativos a que estén obligados por las leyes. Se trata de lo que en muchos países se conoce como el control contencioso administrativo contra la carencia u las omisiones administrativas.

Este breve panorama comparativo sobre el ámbito del derecho administrativo continental y de América Latina, contrasta, en todo, con el ámbito del derecho administrativo norteamericano tal como nos los describe el profesor John Adams Clarke en este libro, el cual, aún cuando escrito hace más de medio siglo, sigue siendo un muy útil estudio explicativo del derecho administrativo de Norteamérica en contraste con el derecho administrativo continental.

New York, agosto de 2020.

# NOTA PRELIMINAR

De todas las disciplinas científicas, la jurisprudencia es la más afectada por las circunstancias locales o nacionales. El objeto de las otras disciplinas, en efecto, sigue siendo el mismo, cualquiera sea el país en el cual se estudien. En este sentido, la medicina, la física, la filosofía y, en menor grado, la pintura, la música y la literatura son disciplinas universales; en cambio, y con excepción del derecho internacional y de la filosofía del derecho, la jurisprudencia es una disciplina cuyos horizontes tienden a coincidir con los de las fronteras nacionales, cayendo siempre dentro de la competencia del derecho positivo de cada Estado.

Estas modestas y elementales lecciones serían superfluas si fueran dirigidas a estudiosos italianos versados en cualquier otra materia. Sin embargo, todo ordenamiento jurídico —tal vez porque se trata de una pura creación del cerebro humano— tiene de lo humano el atributo de la individualidad. Los juristas, por profesión y educación, se encuentran por lo común sumergidos en el estudio de un solo sistema de derecho positivo, y aquellos que desean salir de este habitual provincialismo, con el fin de realizar investigaciones en el campo del derecho comparado, tropiezan con la insuficiencia, yo diría la carencia casi total, de los presupuestos de una ciencia del derecho comparado. Los conceptos y términos usados en el derecho positivo de la nación que habitan o no se encuentran o tienen diferentes significados en los derechos positivos de los otros Estados, aun a veces en aquellos Estados geográfica y espiritualmente más próximos. Los conceptos jurídicos y la correspondiente terminología, válidos para un determinado derecho positivo, a menudo originan confusión y error cuando son utilizados en la interpretación de otro sistema jurídico.

En un pasado ya lejano, este localismo propio de las ciencias jurídicas no producía efectos nocivos. Actualmente, por el contrario, las condiciones del mundo han cambiado radicalmente. En las palabras de mi extinto maestro Piero Calamandrei:

«El mundo, aun en sus estructuras constitucionales, deviene fatalmente —a pesar de aparentes sobresaltos— más restringido y homogéneo. Crujen los muros de la soberanía nacional... El jurista de hace un siglo podía permanecer tranquilamente encerrado en el recinto de las leyes patrias, alumbrado por la lámpara familiar del derecho romano; hoy en día, si quiere entender lo que a su alrededor acontece, en su propia casa, debe salir a la calle y mirar más allá de las fronteras y más allá de los continentes, porque aun en la provincia jurídica dentro de la cual se hace ilusión de vivir en paz penetran desde arriba... radiaciones jurídicas que un biólogo denominaría «vitalizantes»».

El fin que me propongo en estas pocas lecciones es, pues, exponer en líneas muy generales los elementos esenciales del derecho administrativo estadounidense, no tanto para uso de los especialistas como para tratar de evitar al estudioso europeo las malas interpretaciones e insidiosos mal entendidos con los que a menudo tropieza el extranjero que trata de comprender el derecho y la práctica administrativa de los EE. UU. contemporáneos.

Bolonia, 26 de enero de 1957.

JOHN CLARKE ADAMS

# CAPÍTULO I

# SISTEMA DEL «COMMON LAW»

**Sumario:** 1. 1. Fuentes. — 2. La posición del juez

## 1. Fuentes

El derecho angloamericano, a diferencia de los sistemas vigentes en el continente europeo, no está fundado sobre códigos ni se origina en actos legislativos. La fuente ideal de este derecho es la mente de los jueces, celosos custodios del *common law;* su fuente visible son las sentencias judiciales Es por esto que el derecho angloamericano puede ser llamado *judge-made law* (derecho judicial), más bien que *statute-law* (derecho legislado). Asimismo se le denomina *unwritten law* (derecho no escrito) por oposición al derecho escrito del continente europeo.

El derecho norteamericano deriva de cuatro fuentes principales: el *common law,* la *equity* (equidad), la *statute law* (derecho legislado) y la Constitución. (Inglaterra, que no ha sentido la necesidad de formular un texto constitucional, carece de esta cuarta fuente.)[1] Consideraremos separadamente estos cuatro elementos.

El *common law* difiere del concepto italiano de derecho común. El *common law* no es, por lo menos teóricamente, la síntesis de las costumbres locales, sino que representa una tentativa de eliminación de las divergencias locales. Históricamente, el *common law* angloamericano era la justicia del rey de Inglaterra, quien en la Edad Media ejercía poderes limitados, en tanto que sus barones gozaban —*de facto* y *de jure*— de vasta autonomía.

---

[1] Para un estudio más profundo de la Constitución como fuente del derecho de Inglaterra, véase Francis Wormuth, *The origins of Modern Constitutionalism,* Nueva York, Harper & Bros, 1949.

Los más poderosos de estos reyes ofrecían al pueblo, a través de los tribunales reales, una justicia común a todo el reino, más equitativa y respetada que la justicia, con frecuencia parcial, de los barones. A medida que los reyes aumentaban su poder, sostenidos en gran parte por la aprobación de los particulares, la competencia de los tribunales reales se iba extendiendo a tal punto que en un momento dado los tribunales de los barones cesaron de funcionar.

En los tiempos antiguos, esta «justicia del rey» era la orden personal del rey *sitting in justice* (sentado para hacer justicia). En el período de formación del *common law,* los custodios del derecho eran los jueces reales, señores poderosísimos que viajaban por el reino *dispensing justice* (administrando justicia). En teoría, ellos eran depositarios de un derecho perfecto, eterno, inmutable, que revelaban, gota a gota, a través de sus sentencias. Para impedir que la difusión de este derecho se produjera de una manera demasiado acelerada, se decidió que solamente aquella parte de la sentencia que servía para resolver el caso concreto, y no las frases no pertinentes que los jueces hubieran podido introducir en la decisión, representase la emanación del *common law.* Estas frases no pertinentes, que se acostumbra llamar *obiter dicta,* carecen de importancia jurídica. En este sentido, el juez del *common law* se asemeja al sacerdote de la religión católica romana. Solamente cuando actúa en tanto juez, cuando juzga un caso concreto llevado ante él de una manera preestablecida se convierte, mediante alguna milagrosa transformación de su naturaleza, en la encarnación, el instrumento y la voz del derecho. En otros momentos, el juez es un simple ser humano cuyas opiniones, aun sobre cuestiones jurídicas, aun sobre causas que ya ha decidido o todavía pendientes ante él, no tienen mayor eficacia jurídica que las opiniones del más humilde de sus conciudadanos.

En la elaboración de su sentencia, pues, el juez del *common law* está teóricamente vinculado por el *common law.* Prácticamente, empero, está vinculado solo en la medida en que este ha sido gradualmente revelado a través de las sentencias anteriores. En verdad, estas sentencias, que cuando son consideradas fuentes del derecho se denominan *precedents* (precedentes), son las únicas manifestaciones descubiertas al vulgo de este derecho místico y completo, si bien imperfectamente conocido.

El principio que confiere poder vinculatorio al *precedent* se llama principio del *stare decisis.* Este principio no opera, sin embargo, ante un recurso de apelación. Las decisiones del tribunal de alzada sobre cuestiones de derecho son consideradas superiores a las de los jueces de primera instancia, y solamente la sentencia del más alto tribunal ante el cual sea llevada la causa derrama (al menos en teoría) alguna gota del auténtico y eternamente válido *common law.*

Sin embargo, en aquellos casos en que los *precedents* ya sentados obligarían al juez a dictar una sentencia que no es de su agrado, los magistrados tratan de hacer una distinción —a veces forzada— entre el caso *sub examine* y los ya resueltos, distinción que permite evitar la aplicación del *precedent* que les desagrada y que autoriza la elaboración de una nueva decisión, apta para servir como *precedent* para la solución de casos análogos que eventualmente puedan presentarse.[2]

La segunda fuente principal del derecho angloamericano se llama *equity,* la que, como veremos más adelante, es fuente de especial importancia para el derecho administrativo.

A pesar de su pretensión de universalidad, en la práctica el *common lavo* no tutelaba eficazmente todos los intereses privados que, en rigor de justicia, deberían haber merecido protección. Las posibilidades abiertas al actor se limitaban a una elección entre cierta serie de *writs* (mandamientos) que podía requerir de los tribunales. Se encontraba un poco en las condiciones del ciudadano romano que debía elegir una entre varias *institutiones* a efectos de hacer su pretensión ante el pretor. Cuando no era posible, pues, obtener justicia a través del procedimiento del *common law,* se acudía a la costumbre de pedir justicia «en equidad», primeramente ante el rey mismo y, más tarde, ante su primer juez, el Lord Chancellor. Estas sentencias «en equidad» han constituido, a través de los siglos, una segunda serie de *precedents,* semejantes a los del *common law,* que vinculan a los jueces respecto de este nuevo tipo de casos (*equity cases*) no susceptibles de justa composición según los procedimientos del *common law.*

La distinción entre *equity* y *common law* carece hoy de relevancia, a no ser para el abogado que debe decidir el procedimiento por adoptar. Son dos ramas del mismo sistema jurídico, y actualmente,

---

[2] Para un estudio a fondo del *common law* en EE. UU., véase Angelo Pietro Sereni, «Common Law negli Stati Uniti», en *Rivista italiana per le scienze giuridiche* (1950), reimpreso como primer capítulo de Serení, *Studi di diritto comparato, I. Diritto degli Stati Uniti,* Milán, Giuffrè, 1956, págs. 3-34. Lewis Mayers, *The American Legal System,* Nueva York, Harpers, 1955, suministra una óptima descripción panorámica del complicado sistema judicial norteamericano.

un mismo juez, en casi todos los casos, tiene competencia para juzgar según el *common law* y según la *equity*. Provienen ambos de la misma mentalidad jurídica, que solo quiere revelar al vulgo la orden concreta necesaria para resolver una litis ya trabada y que oculta celosamente el principio general del cual la orden podría ser deducida. Baste decir aquí que en muchos casos se usa la vía de la *equity* para una acción preventiva, cuando la parte con derecho al resarcimiento de los daños no podría lograr una indemnización efectiva de tales daños. En ciertos casos, por ejemplo, un juez de una causa en *equity* puede ordenar la *specific performance* (el cumplimiento en especie) de un contrato, mientras que el juez que juzga según el *common law* solamente puede ordenar el resarcimiento de los daños. Así, por ejemplo, si Cayo vende un caballo a Ticio, con la obligación de entregar el animal dentro de tres meses, y en el intervalo el valor del caballo se duplica (supongamos que gane en las carreras), no es justo que Cayo venda el caballo a Sempronio a un precio mucho más alto del convenido antes con Ticio, reembolsando a Ticio solamente la seña y una reducida suma en concepto de un eventual resarcimiento de daños que un juez podría establecer según el *common law*. Para obtener justicia, o en este caso, para conseguir la entrega del caballo cuya venta fue pactada. Ticio inicia una acción en *equity*, para que el juez compela a Cayo a cumplir con su obligación y entregue el caballo a Ticio.

Sin embargo, hay otros casos que son de especial importancia para el derecho administrativo, en los cuales los daños derivados de un acto son irreparables o resulta casi imposible individualizar a los responsables. En estos casos, la parte que teme un daño eventual puede pedir a un juez de *equity* que expida un *writ of injunction*, en el cual el juez ordenará al demandado hacer, o más a menudo no hacer, determinado acto. A pesar de que el uso de este *writ* sea poco frecuente en Inglaterra, es muy común en el derecho administrativo federal norteamericano, en el cual el particular se sirve frecuentemente de tal *writ* para evitar la ejecución en su perjuicio de un acto administrativo que considera ilícito, y que la administración utiliza para obligar al particular a conformarse a sus órdenes.[3]

La tercera fuente del derecho angloamericano es el *statute*, el acto legislativo del Congreso. A diferencia del *common law* y de la *equity*, *los statutes* son escritos, y en lugar del principio de los

[3] Véase SERENÍ, «L'«equity» negli Stati Uniti», en *Rivista trimestrale di diritto e procedura civile* (1952), reproducido en SERENÍ, *Studi*, I, págs. 67-147.

*precedents* rige el principio *lex posterior derogat priori.* Cuando hay conflicto entre una norma del *common law o* de la *equity,* enunciada en la sentencia de un juez, y una norma contenida en un *statute,* prevalece esta última. Así, en cierto sentido, el campo del derecho no escrito se vuelve cada vez más restringido. En verdad, importantes ramas del derecho están ya codificadas en Inglaterra y en varias jurisdicciones norteamericanas, como sucede por ejemplo, con el derecho penal. Ello no significa, sin embargo, que los países angloamericanos hayan aceptado el sistema europeo, porque a los jueces corresponde también la función de interpretar los *statutes,* y sus interpretaciones tienen poder vinculatorio respecto de las decisiones que serán emitidas posteriormente por otros jueces. Por esto, si bien es verdad que los *statutes* son escritos, también es cierto que el contenido y alcance de la norma son fijados por los jueces.

La Constitución escrita de los Estados Unidos y las Constituciones de los cincuenta estados que integran la federación constituyen la cuarta fuente del derecho norteamericano. A pesar de ser superiores jerárquicamente a las normas emanadas del Congreso, las normas constitucionales son iguales a estas en lo que se refiere a su relación con el derecho no escrito y a que están subordinadas a la interpretación judicial autorizada.

Muchos juristas, y no solamente los continentales,[4] creyeron que el derecho angloamericano iba a quedar retrasado en su evolución y que la codificación hubiera sido el camino lógico por el cual dicho derecho habría de alcanzar el adelantado nivel del derecho continental. Los estudiosos que creyeron seriamente, no solamente en la oportunidad, sino también en la posibilidad de tal desarrollo, tenían fe en aquella razón iluminista inclinada a sintetizar gran parte del derecho positivo en normas generales, eterna y universalmente válidas. Entre los juristas angloamericanos de hoy sería difícil encontrar uno solo favorable a la completa superación del *common law* mediante la sanción de códigos al estilo napoleónico. En cambio, es casi universal el apego al sistema actual, considerado si no superior, por lo menos en un plano de igualdad con el sistema continental de derecho codificado.

Empero, la distinción fundamental entre estos dos sistemas no es el mayor o menor desarrollo del uno o del otro; se encuentra, más bien, en una diferente actitud mental. El juez angloamericano, que

[4] Véase, por ejemplo, los escritos de SIR JAMES HENRY SUMNER MAINE, sobre todo su *Ancient Law,* 1861.

decide el caso concreto llevado ante él, no se siente en condiciones de enunciar una norma general. Trata de acertar en la justa composición de cada conflicto, y cree poder hallar la solución en la intimidad de su conciencia y en las sentencias dictadas anteriormente, que manifiestan los resultados de similar actitud introspectiva por parte de los jueces ante los cuales se llevaron conflictos análogos. En el sistema continental, la norma general es un *datum,* al cual el juez debe conformar su sentencia, su composición del caso concreto. En el sistema angloamericano la norma es un *desideratum,* al cual se puede llegar solamente por el arduo camino de la justa composición de cada caso individual. Más que fases diferentes en la evolución del derecho, desde la orden del rey primitivo a los códigos de Justiniano y Napoleón, los sistemas angloamericano y continental son dos maneras diferentes de alcanzar uno de los principales fines del Estado: la justicia.

A pesar de que en la descripción arriba indicada, la diferencia aparece absoluta la divergencia práctica entre los dos sistemas es menor de lo que se podría creer. El Estado federal norteamericano y un considerable número de los Estados integrantes de la federación han elaborado códigos penales, rigiendo también en los EE. UU., el principio de que un acto no puede constituir delito si no está explícitamente previsto como tal en el código. Por otra parte, los estudios de François Gény y otros han demostrado que también los jueces continentales deben buscar más allá de los códigos para encontrar todas las fuentes de su derecho.

Sin embargo, entre los juristas angloamericanos subsiste un prejuicio en favor del sistema del *common law* que los diferencia distintamente de sus colegas francoitalianos. No podría describirse mejor esta diferente actitud que con las siguientes palabras del profesor Hart, cuando se refiere a la famosa *Administrative Procedure Act* (1946). Esta ley representa una tentativa, por parte del Congreso, de codificar, al menos en líneas generales, el derecho administrativo procesal federal norteamericano.

> «... cuando el derecho constitucional o cualquier otro derecho judicial es fijado en una norma legislativa, puede adquirir una rigidez que prive a la administración y a los tribunales de la posibilidad de actuar en aquellos casos que de otra manera podrían ser considerados manifiestamente excepcionales. A menudo la ley misma permite la debida flexibilidad, disponiendo para casos excepcionales. Pero cuando se prepara un proyecto

de ley, *nunca* es posible prever todas las situaciones que pueden producirse».[5]

Los mismos juristas, sin embargo, son generalmente favorables a un cierto tipo de codificación; el resultante de una ley uniforme entre los cincuenta Estados respecto a ciertos aspectos técnicos del derecho. En este terreno, donde el Estado federal no es competente (y aquí se incluye la mayor parte del derecho), los juristas sienten la carencia de uniformidad entre las normas vigentes en los diversos Estados. Existen, pues, tentativas de presentar proyectos de ley uniforme en las legislaturas estatales, en la esperanza de crear así un derecho nacional uniforme, aun en ciertas materias no reguladas por el Estado federal.

Hay, sin embargo, una cuestión —que es ahora tema de un proyecto de ley presentado en el Parlamento italiano— típica de los problemas que, según los juristas angloamericanos, pueden ser fácilmente resueltos en el sistema del *common law*. Se trata del uso de la máquina de escribir para ciertos actos públicos que, según la ley, deben ser o escritos a mano con tinta o impresos. En el sistema italiano es necesaria una nueva ley para modernizar una vieja norma nacida en una época en que no se conocía la máquina de escribir. En el sistema angloamericano bastaría la decisión de un tribunal.

## 2. La posición del juez

Como ya hemos visto, el derecho angloamericano es, en gran parte, *judge-made law*, y por este extraordinario poder que le es confiado el juez angloamericano ocupa una posición de supremacía más completa que la de sus colegas del continente. El juez en Francia y en Italia aplica la norma general de la ley al caso concreto llevado ante él; arreglando según justicia el conflicto sometido a su juicio; el juez del *common law* se propone participar en la elaboración, nunca acabada, de la norma general. Para él los *precedents*, los actos legislativos y hasta la carta constitucional no son sino las piezas ya ordenadas de un vasto e incompleto mosaico que representará al derecho eterno, piezas a las cuales él mismo agregará su modesta contribución en el acto de dictar sentencia.

---

5 «... when constitutional or other judge-made law is hardened into a statutory rule, it may acquire a rigidity which makes it impossible for agencies and the courts to take care of what would otherwise be obvious exceptions. Of course the Act itself often takes care of needed flexibility, as best it can, by anticipation. But when a statute is being drafted, it is *never* possible to anticipate all the situations that may arise.» James Hart, *An Introduction to Administrative Law*, ed., Nueva York, Appleton-Century-Crofts, 1950, pág. 635.

La tremenda responsabilidad que pesa sobre el juez del *common law* es aumentada aún más por dos prácticas de la vida judicial angloamericana. En primer lugar, es práctica común que en primera instancia la decisión sea confiada a un juez único. En segundo lugar, en grado de apelación, donde rige el sistema de la decisión colegiada, si bien es costumbre publicar las opiniones disidentes y también las llamadas *concurring opinions* (votos concurrentes), es decir, aquellas en las que un juez se adhiere a la sentencia de la mayoría de sus colegas, pero no a sus fundamentos, el juez está igualmente obligado a hacer público su juicio personal y los fundamentos sobre los cuales se basa. Tampoco, pues, en los casos en que se instituye el tribunal colegiado, está permitido al juez del *common law* ocultar sus propias dudas atrincherándose en el anonimato de la colegialidad, la cual, en Francia o en Italia, puede llegar a ser, como lo expresa Piero Calamandrei, «una cómoda pantalla para cada integrante del colegio a efectos de no sentir sobre la propia conciencia el peso de una sentencia injusta y para ocultar, tras el anonimato, un voto del que individualmente no sería capaz de hacerse responsable».[6]

No debemos sorprendernos, pues, si en los países del *common law* no se ingresa joven en la carrera judicial, tan pronto se ha conseguido el diploma y aprobado el examen de estado. Los jueces ingleses y los del Estado federal norteamericano son elegidos entre abogados destacados, de edad más bien madura, y dotados de una vasta experiencia jurídica. En Inglaterra, los jueces vitalicios de la *High Court of Justice* (Tribunal Superior de Justicia) son nombrados por la Reina una vez designados por el Lord Chancellor; los demás jueces pueden ser removidos *de iure* por la Reina, empero *defacto* son casi inamovibles. Los jueces del Estado federal americano (mas no necesariamente los jueces de los Estados que integran la federación, la mayoría de los cuales son efectivos) son nombrados también con carácter vitalicio por el Presidente con el acuerdo de las dos terceras partes del Senado. No existe entre estos jueces una verdadera jerarquía. Todos reciben el mismo sueldo. Tal vez estas sean las razones por las que generalmente no hay promoción de un grado inferior a uno más elevado. Una vez nombrado, el juez ya no debe tener ambiciones mundanas.

A pesar de que en el mundo del *common law*, por una parte, y en Francia e Italia, por la otra, la finalidad del proceso (que es la realización de la justicia por medio de la aplicación de la ley) sea

---

6 PIERO CALAMANDREI, *Processo e democrazia*, Padua, CEDAM, 1954, pág. 83.

idéntica, son dignas de señalarse las diferencias en las funciones atribuidas al juez según los dos sistemas. La mayor diferencia entre ambos procesos reside, tal vez, en la diversa importancia relativa de sus aspectos contradictorio e inquisitorio. En el proceso civil, como en el proceso penal, el juez angloamericano, a diferencia del juez francoitaliano, debe comportarse más como árbitro que como indagador. No solamente el proceso instructorio es desconocido en el sistema angloamericano (donde esta tarea es ejecutada por la policía, por el ministerio público —que no forma parte de la magistratura— y por el jurado), sino que en aquel sistema la tarea del juez es más restringida, por cuanto está obligado a fundar su sentencia casi exclusivamente en los hechos y argumentos que le presentan las partes y sus abogados. «La prueba de validez de un proceso judicial», escribe un famoso jurista americano, «no se encuentra tradicionalmente en la justa composición del caso, sino en su justa composición dentro de los límites de las presentaciones que las partes han hecho de aquel».[7]

Se habla aquí de tendencias diferentes y no de sistemas antitéticos. Piero Calamandrei pudo escribir un ensayo titulado «El proceso como juego»[8] con el fin de ilustrar el aspecto contradictorio del proceso italiano, que calificó en otra parte de «contienda de persuasiones y justa de razonamientos»[9]. No se puede decir que el juez angloamericano ideal es aquel que ha alcanzado (dentro de lo que es posible a un ser humano sentimental o débil) la impasibilidad de una máquina calculadora. Respecto al proceso francoitaliano, sin embargo, el proceso angloamericano tiende a sacrificar en beneficio de la imparcialidad del juez su conocimiento de los elementos de la causa; limitando los poderes inquisitorios del juez tiende a hacer del mismo, más que un investigador de la verdad, el árbitro imparcial de un juego.[10]

---

7 «The test of the judicial process, traditionally, is not the fair disposition of the controversy; it is the fair disposition of the controversy *on the record as made by the parties.*» — James M. Landis, *The Administrative Process,* Nueva Haven, Yale University Press, 1938, pág., 38. [Hay traducción española con el título *El poder administrativo;* Ed. De Palma Buenos Aires, 1951. Conservaremos esta denominación en las citas anteriores (N. del Ed).]

8 *Rivista di diritto processuale,* 1950.

9 Calamandrei, *Processo e democrazia,* pág., 123.

10 Un juez de la *Suisse Romande,* integrante de un tribunal arbitral internacional, se ha quejado al autor, de la costumbre de los abogados ingleses de hablar durante horas para «instruir» a los jueces sobre cuestiones de derecho conocidas e inequívocamente aceptadas por estos. Este procedimiento, recomendable en los procesos del *common law,* solo lograba aburrir a los jueces acostumbrados a un proceso de tipo francés.

Quizás en parte, este aspecto deportivo del proceso anglo-americano y la psicología de aquella cultura sean los que originan en este derecho positivo una tan fuerte presunción de la inocencia del imputado, el cual es jurídicamente inocente hasta tanto el tribunal no lo juzgue culpable *beyond reasonable doubt* (con un grado de certeza que vaya más allá de una razonable, duda aun de un solo jurado).

Para resumir el concepto angloamericano respecto del *common law* y la posición del juez, nada mejor que citar los versos escritos por el famoso autor satírico, Sir W. S. Gilbert. Habla así el primer juez de Inglaterra, el *Lord Chancellor:*

El derecho es la verdadera encarnación
de todo lo excelente;
sin imperfección ni falla,
y yo, señores míos, yo encarno al derecho.[11]

[11] «*The law is the true embodiment*
*Of everything that's excellent;*
*It has no kind of fault or flaw,*
And I, my lords, embody the law.»

(Del libreto de la opereta *Iolanthe*).

# CAPÍTULO II

# EL DERECHO ADMINISTRATIVO NORTEAMERICANO NOCIONES GENERALES

**Sumario:** 1. Desarrollo histórico del derecho administrativo en el sistema angloamericano. – 2. El problema de la definición del derecho administrativo norteamericano. – 3. Contenido del derecho administrativo norteamericano. – 4. Contraste entre este contenido y el del derecho administrativo francés e italiano. – 5. Subdivisiones del derecho administrativo norteamericano.

## 1. Desarrollo histórico del derecho administrativo en el sistema angloamericano

Entre las ramas importantes del derecho positivo moderno, el derecho administrativo es la más joven. Tiene tal vez cien años de vida en Italia, un poco más en Francia y unos cincuenta años en los Estados Unidos y en Inglaterra.

El desarrollo de esta nueva disciplina jurídica ha sido algo diferente en los diversos países. En Francia y en Italia, dados los ordenamientos jurídicos vigentes, el derecho administrativo ha podido formarse sin graves dificultades como disciplina autónoma. Particularmente favorables al desarrollo de la ciencia del derecho administrativo fueron la doctrina francesa de la división de los poderes y la consiguiente institución de un sistema autónomo de jurisdicción administrativa con el *Conseil d'État* (Consejo de Estado) a la cabeza. El ordenamiento jurídico italiano con su propia jurisdicción administrativa, aunque fundada sobre criterios diferentes a los franceses y con competencia prácticamente más limitada, ha sido también favorable a este desarrollo.

El sistema jurídico angloamericano, en cambio, constituía un obstáculo al desarrollo de un derecho administrativo autónomo. En los países donde este sistema regía, la pretensión de la nueva rama del derecho de ser reconocida como disciplina independiente no era fácilmente compatible con los principios fundamentales del sistema ni con el procedimiento seguido por este.

La expresión fundamentalmente privatista del derecho angloamericano ha impedido un desarrollo del derecho administrativo semejante al producido en el continente europeo. Los conceptos de la *rule of law* (imperio de la ley) en Inglaterra, de la *judicial supremacy* (supremacía judicial) y del *due process of law* (debido proceso legal) en los Estados Unidos, han dado a los tribunales angloamericanos un contralor sobre los órganos de la administración pública no disímil al que ejercen sobre los actos privados; en consecuencia, el derecho enunciado en las sentencias relativas a la administración pública no difiere a menudo del enunciado en la sentencia dictada respecto a los actos privados.

La historia explica, en parte, el prestigio de que gozan los tribunales en Inglaterra y en EE. UU., así como la sujeción de la administración a su poder. La revolución inglesa del mil seiscientos y la norteamericana del mil setecientos impugnaban los excesos del Poder Ejecutivo. Por esta causa las constituciones de ellas derivadas tendían a limitar el Poder Ejecutivo, reforzando el Poder Legislativo y el Judicial. Como consecuencia de esta tradición, en los primeros años de este siglo, A. V. Dicey, uno de los más destacados juristas ingleses, se mostraba satisfecho con la inexistencia de un derecho administrativo en Inglaterra,[1] y entre las dos guerras mundiales, un profesor de jurisprudencia de la Universidad de Harvard pudo describir con las siguientes palabras la actitud de muchos ingleses y americanos respecto del derecho administrativo:

> «El *droit administratif* constituye el sistema de derecho y de tribunales relacionados con las reclamaciones de los particulares contra la administración y en tanto tales, para la concepción inglesa, ello sugiere burocracia. La expresión *administrative law* (derecho administrativo) tuvo igual acento. La transición de burocracia a autocracia y de esta a dictadura es fácil... y fre-

[1] A. V. DICEY, *Introduction to the Study of the Law of the Constitution*, 8ª ed., Londres, 1915.

cuentemente aparece en la literatura sobre el procedimiento administrativo —en la que abunda el tono de anatema.»[2]

El desarrollo del derecho administrativo angloamericano se ha producido en contra de la voluntad de los juristas y en parte sin que ellos lo supieran, como respuesta a las exigencias de la sociedad moderna, a las que, desgraciadamente, el viejo sistema ya no era capaz de hacer frente. El desarrollo del derecho administrativo puede ser comparado al desarrollo, muchos siglos antes, de la *equity*. La sociedad moderna requiere de su gobierno una actividad judicial y de controles para las que se requiere una competencia técnica que difícilmente puede hallarse en un legislador o en un juez. Si es voluntad de los ciudadanos que estas nuevas funciones sean cumplidas por el Estado, es necesario, entonces, confiarlas a órganos expresamente establecidos. Según esta opinión, el derecho administrativo sería el derecho creado por estos nuevos funcionarios y derecho conforme al cual sus acciones son sometidas a ulterior contralor. Sería así una nueva rama del derecho tradicional creada no solamente para disciplinar un nuevo tipo de actos públicos, sino también para asegurar a los particulares aquel mínimo de justicia cuya garantía se cuenta entre los primeros fines del Estado[3].

## 2. El problema de la definición del derecho administrativo norteamericano

Según la doctrina francesa e italiana, el derecho administrativo sería una rama del derecho público, netamente diferente del derecho constitucional, cuyo objeto lo constituirán las normas que regulan la organización y funcionamiento de la administración pública, así como las relaciones entre ella y los particulares. Los juristas norteamericanos, en cambio, no suelen detenerse en la distinción entre derecho público y derecho privado, siendo de la opinión de un eminente colega italiano, quien sostiene que «no siem-

---

2 «*Droit administratif,* being the system of law and courts that dealt with the claims of the individual against government, to the English mind bespoke bureaucracy. The term administrative law had thus the same emphasis. From bureaucracy to autocracy to dictatorship is a simple transition... frequently... made in the literature of the administrative process. That literature abounds with fulmination.» LANDIS, op. *cit.*, pág. 4.

3 V. ROSCOE POUND, *Administrative Law,* Pitsburgo, University of Pittsburgh Press, 1942, y LANDIS, op. *cit.* Contrario a la premisa de que las nuevas funciones administrativas requieren una competencia técnica cualitativamente superior es MAYERS, *op. cit.*, págs. 442-448.

pre pueden señalarse»[4] claras diferencias entre derecho público y derecho privado, «siendo necesario entender dicha distinción solo en sentido relativo.»[5]

De ahí la sensación de incomodidad generalmente experimentada por los juristas francoitalianos cuando son puestos frente al derecho angloamericano, que carece de definiciones precisas y válidas.

En la sección de su libro que trata de la definición del derecho administrativo, los juristas ingleses J. A. Griffith y H. Street, después de citar varias definiciones que no encuentran aceptables, concluyen diciendo:

> «La verdad es, naturalmente... que todas las definiciones del derecho constitucional o administrativo y todas las distinciones formuladas entre ambas son arbitrarias y fundadas en la conveniencia del autor que las usa.»[6]

Muchos juristas norteamericanos comparten esta actitud negativa respecto al problema de la definición del derecho administrativo.

Por razones prácticas, tienen una concepción formal del derecho constitucional. Para ellos, el derecho constitucional es el derecho de la Constitución, integrado por las normas incluidas en el texto de la Constitución y por sus interpretaciones autorizadas emanadas de los órganos judiciales. El hecho de que la definición del derecho constitucional norteamericano esté fundada en criterios formales, mientras que la del derecho administrativo se basa en criterios sustanciales, ha inducido al profesor Hart a describir la relación entre estas ramas como aquella de «círculos secantes, no concéntricos».[7] No es este el derecho constitucional de los ingleses, franceses e italianos que tiene por objeto la organización y fines del Estado. Ahora que Italia tiene una Constitución rígida y escrita y una Corte especialmente constituida para interpretarla, es previsible que los futuros juristas italianos se verán obligados a utilizar la concepción formal del derecho constitucional. Una vez

---

4 Silvio Lessona, *Introduzione al diritto amministrativo,* Florencia, Editrice Universitaria, 1952, pág. 41.

5 Silvio Lessona, *Introduzione al diritto amministrativo,* Florencia, Editrice Universitaria, 1952, pág. 41.

6 «The truth is, of course... that any definitions of constitutional or administrative law and any distinctions drawn between them are arbitrary and based on the convenience of the particular writer.» *Principles of Administrative Law,* Londres, Isaac Pitman & Sons, 1952, pág. 3.

7 Hart, op. *cit.,* pág. 13.

unificado este, desaparecerá también en Italia la posibilidad de una distinción neta entre derecho administrativo y derecho constitucional.

Me pregunto si, al menos con referencia al derecho angloamericano, es aconsejable intentar distinguir con exactitud entre las diversas ramas del derecho. En lugar de llevar a un conocimiento más profundo del derecho, tal esfuerzo puede degenerar en la exposición de contrastes inútiles. Un antropólogo inglés, el profesor A. R. Radcliffe-Brown, solía decir que entre las tribus africanas existían dos conceptos bien diferentes del espacio. Las tribus de agricultores tenían un concepto rectangular del espacio y al igual que nosotros podían distinguir claramente la línea de demarcación entre el inmueble perteneciente a Ticio y aquél de propiedad de Cayo. Las tribus pastoriles tenían, en cambio, un concepto circular del espacio, según el cual había un lugar sagrado central que pertenecía a la tribu, desde el cual irradiaban los derechos de propiedad hacia los lugares sagrados de las tribus vecinas. Estos derechos se atenuaban a medida que aumentaba la distancia con referencia al punto central de la tribu y se acercaba a aquellos de otras tribus; en las fronteras, mal delimitadas, se extendían las tierras de nadie, en las que los derechos de propiedad eran efímeros y mal definidos. Quizás sería útil que el estudioso del derecho norteamericano olvidara por un momento el concepto rectangular del espacio, en el que las líneas fronterizas se encuentran determinadas exactamente, aceptando en cambio el concepto circular de los pastores primitivos. De este modo podría concentrar su atención en la parte fundamental de la disciplina, sin preocuparse tanto de los puntos limítrofes, que por esta misma razón son de menor importancia.

Sin embargo, haciendo abstracción de las referencias al derecho público y al derecho constitucional, se advierte que las definiciones del derecho administrativo formuladas por los juristas franceses, italianos, ingleses y norteamericanos se asemejan más de lo que *prima facie* podría pensarse. Esta semejanza es particularmente evidente en las definiciones de aquellos autores que tratan de formular las generalizaciones inherentes a la disciplina en examen, más bien que en aquellas otras de los que intentan determinar los aspectos particulares del derecho administrativo de su país o describir el contenido de sus libros. No es la oportunidad de efectuar un análisis u ofrecer una colección de las definiciones formuladas por los juristas más importantes, pero eligiendo uno por país, entre los autores más citados y los libros más difundidos, puede verse que:

«El derecho administrativo es el derecho... [que] determina la organización, poderes y deberes de la autoridad administrativa».[8]

«El derecho administrativo puede ser definido como aquella parte del derecho que regula las funciones de los órganos administrativos... incluyendo las normas que establecen la revisión judicial de los actos administrativos.»[9]

«El derecho administrativo es «el conjunto de reglas que determinan en qué condiciones los entes administrativos adquieren derechos e imponen obligaciones a los administrados, mediante la acción de sus agentes en interés de la satisfacción de las necesidades públicas»».[10]

«El derecho administrativo es la parte del derecho... que tiene por objeto la organización, los medios y las formas de actividad de la administración pública, y las consiguientes relaciones jurídicas entre la misma y los otros sujetos.»[11]

## 3. Contenido del derecho administrativo norteamericano

A través de las definiciones del derecho administrativo formuladas por diversos autores, no puede deducirse, sin embargo, el contenido de los cursos de derecho administrativo dictados en las universidades, y de hecho sucede que bajo el rótulo de derecho administrativo se enseñan materias de una diversidad aún mayor de lo que sería lícito suponer a través de las definiciones. Algunos autores escrupulosos, pues, distinguen entre la definición genérica de la disciplina y el contenido de sus lecciones.[12] Otros se conforman con

---

[8] «Administrative law is the law... [that] determines the organization, powers and duties of administrative authorities.» Sir IVOR JENNINGS, *The Law and the Constitution,* 3ª ed., pag. 194, citado por GRIFFITH y STREET, op. *cit.,* pag. 3.

[9] «Administrative law may be defined as that part of the law that governs the functions of administrative agencies... including such norms as provide for judicial review of administrative acts.» REGINALD PARKER, *Administrative Law.* Indianapolis, Bobbs-Merill, 1952, pag. 8.

[10] «... l'ensemble des régies qui précisent dans quelles conditions les personnes administratives acquiérent des droits et imposent des obligations aux administrés par l'organe de leurs agents dans l' intérêt de la satisfaction des besoins publics.» MARCEL WALINE, *Traité élémentaire de droit administratif,* París, Sirey, 1952, pág. 9.

[11] GUIDO ZANOBINI, *Corso di diritto amministrativo,* I. *Parte Generale,* 4ª ed., Milán, Giuffré, 1945, pág. 26.

[12] WALINE, op. cit., pág. 9-12; GIOVANNI MIELE, *Principî di diritto amministrativo,* 2ª ed., Padua, CEDAM, 1953, págs. 17-18.

una definición válida quizás dentro de su órbita de competencia del derecho positivo de su propio país.[13]

El derecho financiero (con excepción de Zanobini) y el derecho eclesiástico, por lo general, no forman parte de los cursos de derecho administrativo italiano o francés; son materias que entran en la definición genérica de esta rama del derecho, pero, que por razones didácticas, se desprenden del curso de derecho administrativo y se enseñan en Italia como disciplinas independientes. En EE.UU. el derecho financiero es una disciplina autónoma, pero en aquel ordenamiento agnóstico no existe el derecho eclesiástico.

En EE.UU. ciertas materias que forman parte integral del derecho administrativo francés e italiano han sido absorbidas por la *public administration* (administración pública). Estas dos disciplinas, el derecho administrativo y la ciencia de la administración, gemelas en su nacimiento en Italia y en EE. UU., se han desarrollado en dirección casi opuesta en los dos países en lo que respecta a sus relaciones iniciales. En Italia la disciplina jurídica ha ganado pronto la delantera, y solamente en estos últimos años, con el curso de especialización en ciencias administrativas instituido en 1955 en la Facultad de Jurisprudencia de la Universidad de Bolonia, la ciencia de la administración ha tenido un despertar.[14] En EE. UU., tal vez en parte porque el verdadero fundador de ambas disciplinas, el profesor Goodnow, se consideraba más profesor de ciencias políticas que de jurisprudencia,[15] es la *public administration* la que ha tenido el máximo desarrollo, y ha podido substraer al derecho administrativo una parte considerable de su contenido, incluso casi toda la parte en que se trata de la relación emergente del empleo público.[16]

---

13 Vittorio Emanuele Orlando, *Principi di diritto amministrativo,* nueva edición al cuidado de Silvio Lessona, Florencia, Barbera, 1952, págs. 14-1.

14 Para una descripción clásica de las relaciones entre estas dos disciplinas en Italia, véase Orlando, *op. cit.,* págs. 22-42, donde el autor aprueba la subordinación definitiva de la ciencia de la administración al derecho administrativo. El tratado clásico de la *public administration* norteamericana es el libro de Leonard D. White, *Introduction to Public Admnistration,* 4ª ed., Nueva York, Macmillan, 1954.

15 Frank J. Goodnow, *Politics and Administration,* Nueva York, Macmillan, 1900. Dwight Waldo, *The Administrative State,* Nueva York, Ronald Press, 1949, págs. 2-48.

16 «...for all practical purposes the law of public officers has been segregated from administrative law (except for a smidgin of attention given to common law and extraordinary legal remedies against public officers).» — J. Forrester Davison y Nathan D. Grundstein, *Cases and Readings on Administrative Law,* Indianápolis, Bobbs-Merril, 1952, v. en contra, Floyd R. Meecham, *The law of Public Officers,* Chicago, Callaghan & Co, 1890. En Hart, op. *cit.,* las páginas 111-244 están dedicadas a la *law of public officers;* pero la mayor parte de ellas se refieren a los derechos de los particulares contra los funcionarios.

Asimismo las ciencias políticas se han apoderado de una parte importante del derecho administrativo norteamericano. Toda la materia que trata de la organización de la rama ejecutiva del Estado y de las administraciones locales —que ocupa una parte tan grande de los tratados de derecho administrativo, sobre todo en Francia—, es estudiada en EE. UU., en las facultades de ciencias políticas y es descuidada y hasta olvidada en la facultad de jurisprudencia. Según la doctrina norteamericana, pues, las administraciones locales no son consideradas órganos simplemente administrativos, sino órganos autónomos integrados por los tres poderes fundamentales (ejecutivo, legislativo y judicial).[17]

La diversidad existente en las materias enseñadas en los distintos cursos de derecho administrativo tiene origen en las diferencias entre los ordenamientos jurídicos de los diversos países. En Francia, por ejemplo, donde el principio de la división de los poderes se entiende en el sentido de que la administración debe ser independiente del Poder Judicial, y donde en consecuencia el *Conseil d'État* es competente para entender no solamente en los recursos por anulación de los actos administrativos (recurso por exceso de poder), sino también en los recursos por resarcimiento de los daños sufridos por los particulares (recurso de plena jurisdicción), estos recursos entran inevitablemente en el contenido de un curso de derecho administrativo. En Italia, en cambio, donde el principio de la división de los poderes es entendido como criterio sustancial y no institucional (en esto, como veremos más adelante, la doctrina norteamericana está de acuerdo con la italiana), autorizados juristas excluirían del contenido del derecho administrativo el segundo de aquellos recursos, el cual según las leyes italianas, es de competencia de los tribunales judiciales y no de los administrativos.[18]

## 4. Contraste entre este contenido y el del derecho administrativo francés e italiano

El estudioso francés o italiano que concurre a los tribunales norteamericanos para asistir al desarrollo de los procesos de derecho administrativo o que, en la imposibilidad de asistir personalmente,

---

[17] En cuanto al contenido de las ciencias políticas en los Estados Unidos, véase DWIGHT WALDO, *Political Science in the United States of America*, París, Unesco, 1956, o ALFRED DE GRAZIA, *The Elements of Political Science*, Nueva York, Knopf, 1952.

[18] ORLANDO, op. *cit.;* LESSONA, op. *cit.* En contra, GUIDO ZANOBINI, I. *Corso di diritto amministrativo.* II. *La giustizia amministrativa*, 7ª ed., Milán, Giuffré, 1954, y ENRICO GUICCIARDI, *La giustizia amministrativa*, Padua, CEDAM, 1954.

estudia los libros que refieren relaciones de estos procesos, no encontrará a primera vista muchas afinidades entre lo que está sucediendo en EE.UU., bajo el nombre de derecho administrativo y lo que acontece en Europa bajo el mismo nombre. Acaso lo que mayormente le impresionará será esto: en los procesos administrativos en Francia o en Italia, ante el Consejo de Estado, el actor es casi siempre un particular que requiere del Estado la protección de sus derechos o intereses individuales. En los procesos norteamericanos, el actor, al menos en primera instancia, es casi siempre un ente público que trata de imponer al particular una conducta restrictiva de su libertad. El derecho administrativo, que en Europa sirve, ante todo, para la tutela de las libertades individuales, en EE.UU., en gran parte está destinado a la protección de las colectividades contra los egoísmos de acciones individuales antisociales.

Las diferencias doctrinarias e institucionales entre los ordenamientos jurídicos francés e italiano, por una parte, y el ordenamiento jurídico americano, por la otra, son causa de ulteriores e importantes divergencias entre el contenido de los respectivos derechos administrativos. Deben tenerse en cuenta en esta jurisdicción los siguientes puntos: *a)* la doctrina norteamericana de la separación de poderes; *b*) la carencia en el derecho administrativo norteamericano del concepto de interés legítimo; c) la doctrina norteamericana de la *judicial supremacy; d*) la doctrina de la irresponsabilidad del Estado en el *common law; e)* el uso limitado de la ejecución forzada en el derecho angloamericano; f) la carencia de una disciplina del empleo público en los Estados Unidos; *g)* la carencia de un *corpus* de jurisprudencia administrativa en los Estados Unidos; *h)* el escaso desarrollo e importancia de la doctrina en el derecho angloamericano; e i) la predominante posición de la jurisprudencia en el derecho administrativo norteamericano,

*a)* La doctrina norteamericana de la división de poderes priva a la administración norteamericana de esa autonomía, desvinculada de tutelas y controles legislativos y judiciales, que distingue a la administración francesa y que constituye el fundamento del desarrollo del *Conseil d'État.* En EE. UU., la división de los poderes está fundada en criterios funcionales. En Francia está fundada en criterios institucionales. En Francia, pues, la administración, como institución, no puede estar sujeta al poder judicial. En EE. UU., los órganos de la administración deben limitarse a ejercer funciones administrativas y no pueden arrogarse funciones judiciales. Por esta razón la existencia de un órgano, en el seno de la administración, semejante al *Conseil d'État,* que tuviese poderes puramente judiciales, no sujetos o revisión judicial ante los tribunales ordinarios, sería incompatible con los principios fundamentales del ordenamiento jurídico estadounidense.

*b)* Falta en la doctrina norteamericana el concepto de interés legítimo. No es posible, pues, una distinción de funciones análoga a la presupuesta por el derecho positivo italiano para delimitar las competencias del Consejo de Estado y de la magistratura ordinaria; ni es posible tampoco aquel tipo de Consejo de Estado con poderes limitados al juicio sobre la legitimidad (y sobre el mérito) de los actos administrativos, en que se funda el derecho administrativo italiano. Parece, sin embargo, que en el derecho inglés se usa un concepto muy semejante al de interés legítimo en ciertos recursos de apelación. Contra las sentencias de los tribunales de apelación puede interponerse un recurso para ante la *House of Lords* (Cámara de los Lores), el que será admitido solamente si se trata de una cuestión considerada de interés general.

*c)* La doctrina americana de la *judicial supremacy* da a los tribunales ordinarios un poder genérico de revisión de cualquier acto administrativo por cuestiones de legitimidad, toda vez que un particular tenga derecho a un recurso que le sea garantizado o por la *common law* o por las leyes. La magistratura ejerce esta jurisdicción también por vía indirecta *(collateral attack)* en litigios entre particulares o en causas penales que tengan por objeto cuestionar la legitimidad de actos administrativos.

*d)* El derecho general de demandar al Estado, admitido, sin embargo, desde hace tiempo por Francia e Italia, no encuentra correspondencia en el sistema angloamericano. Es por esto que la administración pública, sometida a los tribunales para el control de algunas de sus acciones, puede en otras situaciones actuar impunemente, como veremos *infra.*

*e)* Según la práctica angloamericana, los actos administrativos no quedan normalmente ejecutoriados sino después de la intervención y aprobación del juez ordinario. Excepto en los casos en que se prevé el ejercicio, por parte de la administración pública, de los excepcionales *summary powers* (potestades de ejecución), la administración no puede servirse de la fuerza pública para la ejecución de sus actos sin una previa autorización por medio de sentencia de un tribunal judicial. Se llama *summary power* al poder otorgado a la administración pública para ejecutar *motu proprio* sus propios actos. En los Estados Unidos y en Inglaterra es norma que la administración pública ejecute las decisiones de los tribunales y que los tribunales autoricen la ejecución de las decisiones administrativas. En casos excepcionales, sin embargo, cuando hay necesidad de una acción rápida, la administración pública puede recurrir a la ejecución forzada de sus actos. Tiene este poder, por ejemplo, cuando procede al secuestro y destrucción de propiedad privada que constituya peligro para la salud pública.

De este limitado uso de la ejecución forzada efectuado por la administración pública deriva, en parte, el porcentaje relativamente alto de las causas de carácter administrativo promovidas por la misma administración.

Para subrayar la diferencia entre las posiciones norteamericana y francoitaliana respecto a la ejecución forzada, me permito hacer referencia a las siguientes citas. El profesor Louis Rolland, favorable a la ejecución forzada, dice:

> «Esta intervención de la Administración para asegurar el respeto de las leyes y reglamentos corresponde a una auténtica necesidad social...»[19]

El profesor Waline, aunque favorable, parece menos entusiasta:

> «Esta regla [la ejecución forzada] es evidentemente demasiado dura para los administrados y confiere a la administración un poder temible. Es necesario reconocer, empero, que es imprescindible para permitir la rápida ejecución de decisiones urgentes para la seguridad o salud públicas».[20]

Sin expresar juicio personal alguno, el profesor Zanobini revela un aspecto del derecho administrativo italiano que haría estremecer a un jurista estadounidense:

> «... según la ley sobre lo contencioso administrativo, la ejecutoriedad no deja de producir sus efectos, aun cuando el acto haya sido declarado ilegítimo por una sentencia judicial...»[21]

*f)* En el derecho administrativo norteamericano no existe una relación de empleo público muy desarrollada. El empleo público no atribuye un status esencialmente diferente del empleo privado. Falta una jurisprudencia abundante sobre el empleo público y no hay leyes que castiguen a los particulares por injuria a los representantes del Estado. La protección de los empleados públicos respecto de la

---

19 Louis Rolland, *Précis de droit administratif,* 10ª ed,. París, Librairie Dalloz, 1953, pág. 65.

20 Waline, *op. cit.,* pág. 425.

21 Zanobini, *op. cit.,* vol. I., pág. 266.

administración pública está limitada a la hipótesis en que haya sido perjudicado un derecho subjetivo de aquéllos. Como no existe tampoco un derecho subjetivo respecto a la conservación del empleo, el funcionario estadounidense no goza de la protección otorgada por los sindicatos a los trabajadores industriales, los que generalmente no pueden ser despedidos sino por justa causa.[22]

*g)* Al existir en los Estados Unidos una jurisdicción administrativa diferenciada, no es fácil tampoco separar la jurisprudencia administrativa de la relativa a otras ramas del derecho. Como en muchas sentencias —que no son a primera vista sentencias administrativas— se puede encontrar alguna resolución que sirva de *precedent* para una decisión de derecho administrativo, el estudioso de este derecho debe conocer una gran parte de la amplia jurisprudencia emanada de todos los tribunales estaduales y federales norteamericanos.

Parece paradójico que en los países del *common law,* en los que la jurisprudencia tiene predominante influencia en la elaboración del derecho, no haya sido posible desarrollar una jurisprudencia administrativa comparable a la de Francia e Italia. Los consejeros franceses, en particular, a pesar de los principios generales de su ordenamiento jurídico, contrarios al desarrollo de una tal jurisprudencia, han logrado por medio de sus sentencias constituir un derecho administrativo mucho más denso del previsto y sancionado por el legislador. El hecho de que los tribunales ingleses y norteamericanos no hayan tenido igual éxito se debe, al menos en parte, a las dificultades inherentes al intento de adaptar —en poco tiempo— un sistema jurídico tradicional al cumplimiento de funciones imprevistas, y en parte a la carencia de normas legislativas que acuerden mayores atribuciones a los tribunales y los orienten en la realización de sus nuevas tareas.

*h)* La carencia de doctrina en el campo del derecho administrativo estadounidense, aunque típica del método jurídico norteamericano, torna difícil y peligroso el intento de reducir la ingente masa de hechos simples del derecho administrativo a una serie de principios. En la concepción angloamericana del derecho, solamente los casos particulares proporcionan reglas seguras y las generalizaciones inducidas de ellos son siempre provisorias y sospechosas. Por este hecho, los profesores de jurisprudencia, generalizadores por profesión, resultan también sospechosos. A pesar de las contribuciones de profesores insignes como Ernst Freund, Roscoe Pound, James Landis y Félix Frankfurter (este último llegó más tarde a juez de la Corte Suprema), en EE.UU. los jueces son citados más frecuente-

[22] Véase ROGER GRÉGOIRE, *La fonction publique,* París, Armand Colin, 1954, págs. 119-122.

mente que los profesores. En Francia y en Italia, en cambio, la doctrina goza de mucho mayor crédito que en EE. UU., pero ningún juez francés o italiano goza del prestigio —entre los estudiosos y el pueblo en general— que se atribuye en EE. UU., a un Holmes, un Hughes, un Cardozo o un Learned Hand. Los jueces, sin embargo, son conocidos casi exclusivamente a través de sus sentencias; solo excepcionalmente el juez escribe obras científicas de alcance general. Su contribución, pues, no suple la carencia de tratados generales autorizados, es decir, capaces de organizar y delimitar toda la materia atinente al campo del derecho administrativo.

*i)* Otra diferencia entre el derecho administrativo angloamericano y el francoitaliano, que acentúa aún más la dificultad de la comparación, es el distinto método de enseñanza usado en las respectivas universidades. La base de la disciplina jurídica angloamericana es proporcionada por las sentencias de los jueces. Los libros de texto de los estudiantes norteamericanos son, en gran parte, recopilaciones de las sentencias más significativas; las lecciones de los profesores son ilustrativas de las mismas sentencias; los exámenes (escritos) están constituidos frecuentemente por una lista de hechos de hipotéticos litigios a los cuales los estudiantes deben aplicar los *precedents* encontrados en las sentencias estudiadas durante el año; el estudiante que obtiene mejor puntaje no es el que en sus «sentencias» da la razón a quien efectivamente la tiene, sino, en cambio, aquel que ha podido exponer mejor el pro y el *contra* de cada litigio, utilizando los más autorizados y convincentes argumentos y con el mayor número de citas de cuestiones pertinentes ya resueltas por los jueces en sus sentencias. Solamente en las facultades de ciencias políticas se acostumbra a estudiar el derecho administrativo sobre la base de exposiciones de principios generales; empero, también en estas facultades hay un considerable número de profesores que permanecen fieles al *case method* (método del caso singular), es decir, al estudio de la jurisprudencia.

## 5. Subdivisiones del derecho administrativo norteamericano

Los estudiosos estadounidenses, explícita o implícitamente, hacen las siguientes distinciones, que ulteriormente restringen la materia enseñada en los cursos de derecho administrativo norteamericano. Distinguen ellos entre derecho administrativo interno y externo, entre derecho administrativo general y especial, y por último, entre derecho administrativo sustancial y procesal.

Según algunos autores, el derecho administrativo interno es aquella rama del derecho administrativo que organiza, disciplina y controla a la administración pública misma, mientras el derecho administrativo externo es aquella rama del derecho administrativo que disciplina y controla a los particulares en sus relaciones con la administración.[23] Según otros, el derecho administrativo interno se compone de los actos jurídicos emanados de la administración y el derecho administrativo externo se compone de las normas legislativas y sentencias judiciales que organizan, disciplinan y controlan la administración pública.[24]

El derecho administrativo general comprende aquellos principios jurídicos que tienen eficacia respecto a la generalidad de los órganos administrativos; el derecho administrativo especial se compone de aquella parte del derecho administrativo cuya eficacia está limitada a un número restringido de órganos administrativos.

El derecho administrativo sustancial está integrado por las normas que delegan poderes a la administración y por todos los actos administrativos que crean, modifican, extinguen o comprueban relaciones jurídicas administrativas. El derecho administrativo procesal está constituido, en cambio, por las normas que regulan la forma de actuar de la administración pública, concurriendo así a formar la llamada práctica administrativa. Estas normas se encuentran en las leyes que establecen los órganos y en aquellas que modifican sus procedimientos, en leyes generales como la *Administrative Procedure Act,* en los reglamentos dictados por los mismos órganos y en las sentencias de los tribunales judiciales.

Por lo general, en los cursos de derecho administrativo dictados en los Estados Unidos, se da importancia al derecho administrativo general procesal externo. El derecho administrativo especial es una disciplina tan amplia que pocas personas pueden pretender un buen conocimiento de ella, y el alcance de sus normas es demasiado limitado para interesar al jurista que no desea profundizar sus conocimientos de una rama específica del derecho administrativo. Como la mayor parte del derecho administrativo sustancial y del derecho administrativo interno se identifica con el derecho administrativo especial, también se descuida el estudio de estas dos ramas.

El derecho administrativo norteamericano no se distingue de los derechos administrativos francés e italiano en punto a la importancia atribuida al derecho administrativo general. En Italia y Francia, sin embargo, en gran parte a causa de la importancia de la relación del empleo público, el derecho administrativo interno tiene mayor importancia que en los Estados Unidos y lo mismo puede decirse respecto al derecho administrativo sustancial.

[23] HART, *op. cit.* pág. 11.
[24] PARKER, *op. cit.*, págs. 3-4.

# CAPÍTULO III

# LA FUNCIÓN ADMINISTRATIVA

**Sumario**: 1. – Órganos administrativos. – 2. Nuevas fronteras de la administración. – 3. La función cuasi-legislativa. – 4. Recursos administrativos. – 5. La función cuasi-judicial.

## 1. Órganos administrativos

### a) *Naturaleza de la federación*

En el preámbulo de la constitución de los Estados Unidos encontramos una declaración de voluntad emanada de «nosotros, el pueblo de los Estados Unidos»; es, pues, el pueblo norteamericano, y no los Estados componentes de la federación, el que ha delegado parte de su propio poder soberano al Estado federal, dejando el resto de este poder a los Estados. El Estado federal, pues, representa directamente al pueblo y no a los Estados, a pesar de que los legisladores son elegidos por circunscripciones que comprenden todo un Estado (para la elección de senador y de algunos diputados) o por un sector de un Estado (para la elección del resto de los diputados).

A pesar de formar un Estado federal, pues, los Estados Unidos no son una federación de Estados soberanos e independientes. Antes de la guerra civil de 1861-1865, el sur sustentaba una tesis opuesta. La tesis aquí expuesta es la del norte, vencedor de esa guerra. La misma es conforme a la doctrina suiza, que también se vigorizó a través de una guerra (la del Sunderbund de 1847) en la que el triunfo correspondió a las fuerzas nacionales, coligadas contra la fuerza disgregadora de aquellos que pretendían que los miembros singulares de la federación (Estados en Norteamérica, cantones en Suiza) retuvieran el derecho de recuperar su antigua autonomía y disolver, en consecuencia, los vínculos con la federación.

### b) *La Constitución*

Según la Constitución, el poder delegado por el pueblo al Estado federal es un poder limitado; quedan, pues, expresamente reservados a los Estados miembros todos los poderes no delegados al gobierno federal por la Constitución.

La Constitución norteamericana es una constitución del tipo rígida;* era, pues, voluntad de la Asamblea Constituyente fijar los principios de un ordenamiento jurídico no susceptible de cambios considerables de forma o estructura, sino después de madura deliberación y con el consentimiento de la gran mayoría de la población. Una ley ordinaria del Congreso, pues, no tiene eficacia si es contraria a la Constitución, y esta puede ser reformada solamente por medio de un largo proceso que requiere el consentimiento de una mayoría calificada de las dos terceras partes en el Congreso federal y de las tres cuartas partes de los Estados.

Hay en la Constitución normas de carácter positivo y normas de carácter negativo. Las primeras otorgan al Estado federal todo el poder de que goza; en general, las segundas prohíben las acciones no compatibles con el pleno ejercicio de los derechos de libertad sustanciales y procesales.

### c) *El Presidente*

El presidente de los Estados Unidos es al mismo tiempo jefe del Estado y jefe de la administración. Es elegido indirectamente por el pueblo cada cuatro años. Además de ejercer poderes ejecutivos y administrativos tiene el derecho de vetar las leyes sancionadas por el *Congress* (Congreso) y el poder de nombrar los jueces federales (con excepción de los llamados *examiners,* jueces de los tribunales administrativos, que no entran en la rama judicial del Estado).

### d) *Órganos administrativos*

La mayor parte de los órganos administrativos del Estado federal norteamericano se agrupan en *departments* (ministerios) o son *independent regulatory commissions* (entes reguladores autónomos).

---

* «Se llama rígidas a las constituciones que no pueden ser modificadas, por vía legislativa ordinaria y en las que solo se autoriza el ejercicio del poder constituyente a las convenciones o cuerpos especiales, con intervención de plebiscitos en algunos casos.» CARLOS SÁNCHEZ VIAMONTE, *El Constitucionalismo,* Buenos Aires, Ed. Bibliográfica Argentina, 1957, pág. 28. *(N. del Ed.).*

La distinción principal entre los ministerios que son diez: Relaciones Exteriores (*State*), Finanzas (*Treasury*), Defensa, Justicia, Comercio, Conservación de los recursos naturales y dominio del Estado (*Interior*), Correos, Agricultura, Trabajo, Servicios sociales (*Health, Education and Welfare*) y los entes reguladores autónomos reside en la independencia de estos últimos respecto del contralor presidencial. El presidente nombra a los ministros (*Secretaries*) como también a los miembros de los entes autónomos, con acuerdo de las dos terceras partes del Senado, pero mientras los primeros permanecen en el cargo a disposición del presidente, los segundos son nombrados por un determinado período de años y permanecen en funciones, a pesar de sus eventuales divergencias con la política del presidente y aún cuando se produzca la elección de un nuevo presidente. Las Comisiones gozan, pues, de lo que los franceses llamarían una descentralización total del poder.

Los ministerios y los entes autónomos deberían distinguirse en base a las diversas funciones desarrolladas. Los ministerios serían responsables de actividades puramente administrativas; respecto de tales actividades, el presidente tiene la atribución y el deber de proveer a fin de que ellas sean desarrolladas, no solamente en forma coordinada, sino de acuerdo con sus directivas. Las actividades de los entes autónomos, en cambio, no entrarían todas dentro de los límites asignados por la doctrina al poder administrador.

Aunque aclara en el plano conceptual, la distinción entre ministerios y entes reguladores autónomos no resulta siempre evidente cuando se observa la estructura del Estado federal. En efecto, entes «autónomos» insertados, al menos formalmente, en las jerarquías ministeriales. La *Civil Aeronautics Board* [Junta Aeronáutica Civil], por ejemplo, forma parte del Ministerio de Comercio). Por otra parte, las funciones de contralor generalmente realizadas por los entes autónomos son confiadas, en casos excepcionales, a órganos efectivamente dependientes de los ministerios. (Es el Ministerio de la Agricultura el que controla la producción de determinados productos agrícolas.)

La autonomía de estos entes resulta aconsejable por la naturaleza cuasi-legislativa y cuasi-judicial de algunas de sus funciones. Se piensa que los particulares tendrán menos que temer de un órgano autónomo, cuyos funcionarios no estén sujetos a las presiones de naturaleza política que pesan sobre los ministros. A pesar de que estos entes no están sujetos en absoluto a ningún contralor jerárquico, no pueden, por ello, actuar de manera arbitraria, ya que existe siempre la posibilidad de recurrir sus decisiones ante los tribunales ordinarios.

A pesar de que cada uno de estos entes autónomos es constituido por ley especial, puede verificarse cierta semejanza entre ellos en cuanto a su estructura y funciones. El ente (*commission*) está dirigido por un cierto número de *commissioners* (comisionados), generalmente cinco o siete, nombrados por el presidente por un período determinado, a menudo de cinco o siete años. Así, es frecuente que cada año se nombre un *commissioner.*

El primer ente regulador autónomo, la *Interstate Commerce Commission* (Comisión de Comercio Interestatal), fue creado en 1887 con la función principal de controlar las tarifas de los ferrocarriles estadounidenses, que estaban —y están todavía— en manos de particulares. Le siguieron la *Federal Trade Commission* (Comisión federal de Comercio), constituida en 1914 y la *Federal Power Commission* (Comisión federal de Energía), constituida en 1930. La primera promueve la libre y leal concurrencia en el comercio entre los Estados, mediante la prohibición de los *boicots,* las combinaciones que limitan el libre cambio, de la falsa publicidad y de las tarifas discriminatorias e ilegales. La segunda controla la producción y venta de energía hidroeléctrica y gas natural.

Durante la presidencia de Franklin Roosevelt se crearon otros importantes entes reguladores, entre los cuales se cuentan la *Security Exchange Commission* (Comisión de Valores Mobiliarios), la *Federal Communications Commission,* la *National Labor Relations Board* (Junta Nacional de Relaciones Laborales), y la *National Industrial Recovery Administration* (Administración de la Recuperación Industrial de la Nación) (entes que controlan, respectivamente, los títulos y acciones, las comunicaciones radiotelegráficas, las relaciones laborales y la industria). El último de los entes mencionados —que pareció a Giuseppe Bottai y a otros el comienzo de un sistema corporativo en América— fue suprimido por obra de la Corte Suprema, la cual declaró que la ley que constituyó el ente contenía una delegación de Poder Legislativo que hacía inconstitucional a la norma, dado que dicha delegación no estaba suficientemente limitada como para impedir desbordes (*«not canalized to keep it from overflowing»*).

Los entes reguladores se dividen en dos grupos, de acuerdo con sus funciones. Un primer grupo es integrado por los entes que regulan una rama de la industria, el comercio o la agricultura, como la

*Interstate Commerce Commission*, el *Civil Aeronautics Board*, la *Federal Power Commission*, la *Security Exchange Commission*, la *Federal Communications Commission*, y el *Board of Governors of the Federal Reserve System*;* el otro grupo se compone de los entes que desarrollan funciones de contralor y policía, como la *Federal Trade Commission* y la *National Labor Relations Board*. Los entes del primer grupo tienen la responsabilidad de garantizar el correcto y equitativo funcionamiento de una rama de la vida económica nacional; los del segundo grupo ejercen un contralor sobre ciertas prácticas consideradas desleales en la vida económica interestatal; para la *Federal Trade Commission* las prácticas de concurrencia desleal en el comercio y para la *National Labor Relations Board* las prácticas desleales en las relaciones colectivas de trabajo.

Además de los ministerios y de los entes reguladores independientes, la máquina administrativa del Estado norteamericano comprende otros tipos de organismos, de mínima importancia para el derecho administrativo, como las *government-owned corporations* (empresas estatales), y algunos órganos puramente consultivos. La *government-owned corporation* es una empresa de propiedad del Estado (*établissement public*) que suministra algún servicio al público. Su organización es semejante a la de una sociedad anónima, pero todas las acciones son de propiedad del Estado. El ejemplo más famoso es la TVA (*Tennessee Valley Autority* —ente para la explotación hidráulica del valle del río Tennessee). La *government-owned Corporation* es un órgano más común en el ordenamiento jurídico estatal o municipal que en el federal. A pesar de que el Estado federal norteamericano otorga subvenciones a algunas industrias (por ejemplo, a la marina mercante o a la aviación civil), no existe en los Estados Unidos la participación financiera del Estado en la empresa privada, como ocurre en Italia con los grupos del IRI o en Francia con las *sociétés d'entreprise mixte* (sociedades mixtas).

## 2. Nuevas fronteras de la administración

La función administrativa, de la manera como está concebida en el derecho administrativo estadounidense, comprende actividades que no entran en el concepto de la función administrativa, tal como esta es entendida en la doctrina clásica norteamericana de la separación de los poderes.

---

* Junta de Gobernadores del Sistema de la Reserva Federal. (*N. del Ed.*).

Esta doctrina es radicalmente diferente de la francesa, derivada de las ideas de Rousseau, que pretende que los poderes del Estado estén divididos entre tres órdenes de órganos, con la máxima posible independencia entre sí. Para esta doctrina, lo esencial es que aquellos que tienen las riendas de uno de estos órdenes no estén en condiciones de apoderarse de otro. En consecuencia, las funciones desarrolladas por los órdenes menos importantes que sus relativas autonomías. Así, en Francia y en Italia, a algunos órganos del orden administrativo, como el *Conseil d'État* y el *Consiglio di stato,* se atribuyen poderes puramente judiciales para eliminar (en Francia) y limitar (en Italia) los casos en que los órganos del orden judicial pueden controlar a la administración.

Por el contrario, la doctrina norteamericana distribuye funciones más bien que órganos; admite y aprueba controles recíprocos entre los órganos *(checks and balances)* (frenos y contrapesos) y, en lugar de favorecer la creación de órganos que gocen de fuerte autonomía, aconseja la formación de órganos idóneos para desarrollar determinada categoría de funciones, legislativas, administrativas o judiciales.

El ordenamiento jurídico estadounidense, como el de la mayoría de los Estados occidentales, se rige por principios desarrollados por el iluminismo del siglo XVIII, cuando se creía en la existencia de normas generales de aplicación universal, que los hombres de buena voluntad estuvieran en condiciones de comprender. El derecho positivo derivado de estos principios se componía, en su mayor parte, de normas materiales dictadas por las legislaturas.

El legislador de un siglo atrás se sentía menos incapaz de legislar sobre problemas considerados en aquella época de interés público, de lo que se siente hoy su sucesor, en la tentativa de equilibrar justamente las numerosas necesidades e intereses colectivos e individuales de la sociedad moderna.

En los días fáciles de la era agrícola, las leyes podían ser relativamente claras, específicas y detalladas. Con el advenimiento de la era industrial, sin embargo, las relaciones a regular, no solamente han devenido muy complejas y susceptibles de rápidos cambios, sino que se han presentado problemas sin antecedentes. El público ha exigido nuevos controles, aun cuando faltaba todavía la experiencia necesaria para enseñar métodos mejores y aunque a veces faltaba una idea clara de los fines de dicho control. Resultado de esto ha sido un cambio gradual de la función reguladora del Congreso, obligado, en muchos casos, a determinar solamente los principios generales de regulación, delegando en las autoridades administrativas la tarea de aplicar dichos principios generales.[1]

Cuando los legisladores estadounidenses se dieron cuenta de la necesidad de controlar las actividades de algunos sectores de la economía denominados «de interés público», y comprendieron, también, su propia incapacidad —por falta de la pericia técnica necesaria y por la continua movilidad de las actividades a controlar— para dictar normas materiales precisas en estos nuevos campos de intervención estatal, se vieron obligados a dictar normas instrumentales, las cuales, en lugar de establecer derechos y deberes, delegaban en otros órganos, dentro de límites bien determinados, la facultad de crear derechos y obligaciones. Los órganos creados por el Congreso, con el fin de realizar estas nuevas funciones de contralor y a los cuales se delegó esa facultad, son los entes reguladores autónomos, los que, además de desarrollar las actividades puramente administrativas de su competencia, tienen competencia para ejercer las funciones llamadas cuasi-legislativas y cuasi-judiciales. Por efecto de las primeras dictan normas materiales (siempre dentro de los límites del poder delegado); por efecto de las segundas aplican en los casos concretos las reglas generales que han dictado. Con esta extensión del campo administrativo, sin embargo, la práctica norteamericana no ha derogado el principio de los tres poderes, ni el de la división de los mismos; solamente ha efectuado lo que se podría llamar una rectificación de fronteras en la competencia de estos poderes. Es decir, ha tomado del poder legislativo la parte más próxima a la función administrativa y rebautizándola poder cuasi-legislativo, la ha confiado a la administración; luego ha efectuado una rectificación análoga de la frontera entre función administrativa y función judicial. Empero, permanecen siempre en manos de los legisladores la acción inicial —puramente legislativa— de la que nace la norma instrumental y la acción final —puramente judicial— que atribuye a los

---

1 «In the simple days of the agricultural era, statutes could be relatively concrete, specific and detailed. With the coming of the industrial age, however, not only are the conditions to be regulated highly complex and rapidly changing, but unprecedented problems have emerged. The public has demanded new controls, even while there has been neither experience to teach the best methods nor at times even a clear conception of the objectives of control. The net result has been a gradual change in the regulatory role of Congress, which has been compelled, in many cases, to provide only the general principles of regulation, and to devolve upon administrative authorities the task of applying those general principles». HART, op. *cit.*, pág. 312.

tribunales el juzgamiento de los recursos contra los actos cuasi-judiciales de la administración.

El nuevo concepto de la función administrativa que resulta de la rectificación de las fronteras entre esta y la función legislativa, por una parte, y la judicial, por la otra, incluye una serie de procedimientos jurídicos a mitad de camino entre el principio constitucional y la comprobación judicial, que algunos estudiosos norteamericanos llaman *The administrative process* (*El procedimiento administrativo*).

> «... el procedimiento administrativo resulta de la incapacidad de la mera tripartición de poderes para hacer frente a los problemas actuales del gobierno. Representa un esfuerzo para adaptar la técnica gubernativa, fundada todavía en esta tripartición, a las exigencias actuales y preservar, al mismo tiempo, los elementos de responsabilidad y las condiciones de equilibrio que hasta ahora han caracterizado al derecho público angloamericano.»[2]

### 3. La función cuasi-legislativa

El poder cuasi-legislativo en la administración estadounidense es semejante al poder de dictar decretos-leyes ejercitado por el gobierno italiano.

Sin embargo, considerando la doctrina norteamericana de la separación de los poderes —que pretende separar las funciones del gobierno y no los órganos— la cuestión del ejercicio de un poder sustancialmente legislativo por parte de la administración pública, suscita en EE. UU., graves problemas políticos y jurídicos.

Según la doctrina estadounidense, el Poder Legislativo reside en el pueblo, quien lo delega a sus representantes en el Congreso. Estos representantes son, pues, agentes a los que está confiada la representación de la voluntad e intereses del pueblo soberano. La doctrina aplica luego, por analogía, un principio —*delegata potestas non potest delegari* (la potestad delegada no puede delegarse)— tomado de la Zato *of agency* (normas sobre la representación comer-

[2] «... The administrative process springs from the inadequacy of a simple tripartite form of government do deal with modern problems. It represents a striving to adapt governmental technique, that still divides under three rubrics, to modern needs and, at the same time, to preserve those elements of responsibility and those conditions of balance that have distinguished Anglo-American government.» LANDIS, *op. cit.*, pág. 1.

cial). Según este principio, los diputados y senadores serían «agentes» de los electores, a quienes es delegado el Poder Legislativo del pueblo soberano y, como tales, no podrían volver a delegar este poder a terceros: resultaría, pues, que sería ineficaz cualquier delegación de Poder Legislativo por parte del Congreso.

Pese a no carecer de lógica, en la práctica este principio resulta inaplicable; está fundado en una pretendida dicotomía entre legislación y ejecución, entre *politics* (política) y *administration* (administración) que no se verifica en este mundo. Si con Kelsen consideramos que el proceso jurídico es la manifestación de la realización gradual del derecho, desde el principio constitucional a la orden concreta dictada por el tribunal y si advertimos que en este proceso no hay puntos de transición bien definidos, sino que —como sucede en el espectro solar— cada color se diluye gradualmente en el color inmediato, veremos que cada tipo de acto jurídico se transforma paulatinamente en el tipo que le sigue en el espectro de su concreción.

La tentativa de aplicación del principio *delegata potestas non potest delegari,* remóntase al iluminismo del siglo XVIII, a las ideas de los filósofos racionalistas, democráticos liberales, para los cuales la labor del legislador consistía en descubrir, por medio de la razón, las leyes universales e inmutables de la naturaleza, expresándolas en normas materiales de aplicación general.

El principio *delegata potestas non potest delegari,* cuando se aplica al derecho constitucional y administrativo, no debe ser considerado como un fin en sí mismo, sino solamente como un medio para asegurar el contralor democrático del gobierno. Ante la necesidad de delegar poderes legislativos, los diversos parlamentos y los tribunales competentes en Inglaterra y en los Estados Unidos han utilizado varios métodos para controlar el uso que la administración pública ha hecho de los poderes legislativos a ella delegados.

En Inglaterra es frecuente obligar al órgano administrativo al que ha sido confiado el poder de dictar *subordinate legislation* (legislación subordinada), a presentar al Parlamento, para su aprobación (*lay bejore Parliament*) cada acto de este género. Según las disposiciones de las diversas leyes que delegan poderes, antes de que los actos cuasi-legislativos de la administración pública adquieran fuerza ejecutiva es necesario un acto positivo de confirmación por parte del Parlamento y una confirmación negativa resultante de la ausencia de una acción de anulación. De este modo, el Parlamento ejerce, al menos en teoría, una función de control sobre el uso del Poder Legislativo delegado a la administración pública, no diferente de la tutela que sobre los actos de la comuna ejercita el prefecto francés mediante la *approbation préalable* (aprobación previa).

En dos estados norteamericanos (Michigan y Dakota del Norte), antes de adquirir fuerza ejecutiva, las normas dictadas por la administración deben tener la aprobación del *Attorney General* (funcionario elegido directamente por el pueblo que ejerce, en los diversos Estados de la Unión, funciones que corresponden sustancialmente a las del procurador de la República en Italia). En el Estado de Michigan, el *Administrative Rules Committee* (Comité de normas administrativa) de la legislatura puede rechazar estas normas, aunque estén aprobadas por el *Attorney General*.[3]

La Corte Suprema de los Estados Unidos, contraria en principio a la delegación de Poder Legislativo, ha debido doblegarse ante las necesidades prácticas. A partir de una primera sanción que delegó el poder de determinar el hecho que condicionaba la entrada en vigencia de una ley del Congreso,[4] los tribunales americanos fueron extendiendo gradualmente la *nulla osta* otorgado a la delegación de Poder Legislativo, hasta que en la causa *Clark Distilling Co. c/Western Maryland Railway*,[5] la Corte Suprema –sirviéndose de un argumento usado más tarde por Calamandrei en Italia y por la Corte Suprema australiana (el primero para establecer el carácter no legislativo del contrato colectivo de trabajo durante el fascismo y la segunda el carácter no legislativo de las sentencias de los tribunales que establecían nuevos niveles de salarios)– asimiló poder y voluntad y negó la posibilidad lógica de la delegación de la voluntad del Congreso. Según esta doctrina, el acto de la administración pública no tiene en sí mismo valor normativo; este valor le es atribuible, en un momento conceptualmente distinto, por voluntad del Congreso.[6]

Sin embargo, a pesar del principio del *stare decisis*, los jueces norteamericanos no han aceptado la motivación de la sentencia de la *Clark Distilling Co. c/Western Maryland Railway*. Han dado, en cambio, un paso atrás para adecuarse mejor a lo que parece estar en la base de la doctrina política de los autores de la Constitución norte-

---

3 Davison y Grundstein, «*Cases and Readings on Administrative Law*. Indianápolis, Bobbs-Merill, 1952, apéndice, págs. 27-28.

4 *The Brig Aurora*. 7 Cranch 382, 1813.

5 242 US 311, 1917.

6 Véase John Clarke Adams, «Il controllo delle leggi costituzionali sulla delegazione del potere legislativo», en *Rivista di diritto pubblico*, XXXIX, 1947, págs. 26-33.

americana. Según la jurisprudencia estadounidense actual, la delegación de Poder Legislativo es permitida solo bajo ciertas condiciones. El Congreso debe manifestar claramente: 1) los fines a que debe atender la administración pública en el ejercicio del poder delegado, 2) los límites de este poder y 3) las penas que podrían imponerse por la inobservancia de las normas y los actos administrativos derivados de la delegación.[7]

Si se verifican estas condiciones y si el poder delegado ha sido confiado al Congreso por la Constitución, la delegación es constitucional. (Adviértase que estas limitaciones no se encuentran en el derecho administrativo inglés, en el que el poder del Parlamento no está limitado por una Constitución escrita y jerárquicamente superior a una ley del Parlamento, en el que no rige el principio de la *delegata potestas non potest delegari* con efectos que excedan del reducido campo de la *law of agency*).

Esta nueva doctrina formulada por los tribunales estadounidenses para la delimitación de la delegación del Poder Legislativo encuentra un buen defensor en el profesor Landis. El destacado jurista, hablando del poder administrativo, demuestra las exigencias empíricas que aconsejan tal limitación. Si el Congreso no precisa el fin de la delegación y no delimita los poderes conferidos al ente administrativo, las presiones de los grupos interesados, que ahora se concentran en el Congreso recaerán sobre el ente mismo, y estas presiones, en lugar de concluir con la elaboración de la ley votada por el Congreso, se prolongarán interminablemente en el seno de la comisión administrativa. Antes de poder usar lo que Landis llama el *administrative approach* (método administrativo), el Congreso debe determinar el programa a seguir. Si no lo hace, el ente administrativo debe actuar como órgano puramente legislativo.[8]

Otra dificultad, que puede surgir cuando el Congreso no delimita con cierta precisión la delegación de Poder Legislativo, es la que resulta de las normas incompatibles que eventualmente podrían emanar de órganos diferentes. Si cada ente regulador creado por el Congreso ejercitara un poder vagamente delimitado, el particular destinatario de normas diferentes no sabría a quién obedecer. Que esta confusión no es una nueva hipótesis lo demuestra la experiencia norteamericana con la NIRA (sigla que corresponde a *National*

---

7 *Panama Refining Co. v./Ryan*, 293 US 388, 1935; *Schechter Poultry Co. v./US* 295, 1935; *v./US* 495, 1935; *Carter v./Carter Coal Co.*, 298 US 238, 1936.

8 Landis, op. *cit.*, págs. 55-57.

*Industrial Recovery Act* —ley nacional para la recuperación industrial). Al ente creado por esta ley (que hoy ya no existe) se le había atribuido poder para controlar, en interés del *general welfare* (bienestar público), las industrias cuyos productos se vendían en el mercado exterior o interestatal (el contralor del Congreso federal no se extiende al comercio intraestatal). En el cumplimiento de esta función el ente estipuló *EODES* (acuerdos) destinados a reglamentar varias industrias, acuerdos que establecieron, y hasta impusieron, a los industriales ciertas conductas expresamente prohibidas por órdenes de la *Federal Trade Commission* (ente federal regulador encargado de la supresión o prevención de los monopolios).[9]

Hay, pues, una sustancial diferencia entre el poder cuasi-legislativo, que puede ser confiado a la administración pública, y el Poder Legislativo, que debe ser ejercido solamente por el Congreso. Esta distinción no es meramente formal, puesto que la «cuasi-legislación» se compone también de normas generales; es más bien la clásica distinción entre política y administración, que, según algunos autores, son las dos funciones del Estado.[10] Los órganos administrativos pueden ser muy aptos para dictar normas, pero —al menos en una democracia— no son idóneos para la aprobación de los programas. Esta no es sino otra manera de decir que la función cuasi-legislativa se identifica solamente con una parte de la función legislativa, aquella que nada tiene que ver con programas, fines y principios generales, y que por esto es la más cercana a la clásica función administrativa.

La expedición por parte de la administración pública de normas generales, dentro de los límites del Poder Legislativo a ella delegado, corresponde más o menos al poder de expedir decretos y decretos-leyes. Si no derivan de leyes inconstitucionales o si, en sí mismas, no son *ultra vires* —cuestiones que deben ser decididas por los tribunales judiciales— estas normas, que son llamadas *legislative regulations* (normas legislativas), no son susceptibles de anulación judicial.

Es necesario distinguir, sin embargo, el poder de expedir normas, el verdadero poder cuasi-legislativo, del poder de interpretar normas, que es una función atribuida siempre a la administración pública.

---

9 *Ibid.*, págs. 58-59.

10 V. WALDO, *The Administrative State*, págs. 104-129.

Las *interpretative regulations* (normas interpretativas), que interpretan y precisan las normas legislativas expedidas por el Congreso, se distinguen de las *legislatives regulations,* fuera de la finalidad, que responde, por el campo en que se aplican y los efectos que tienen. Aunque la administración es competente para interpretar cualquier norma sin autorización específica, dicha interpretación no obliga a los tribunales, los cuales, juzgando un caso concreto llevado ante ellos, pueden sustituir su interpretación de la norma a la interpretación de la administración.

El poder de interpretar normas es un poder generalmente atribuido a la rama ejecutiva. Una gran parte de las actividades de los *Attorneys General* (ministros de justicia) de los Estados de la Unión la constituye la interpretación de las leyes, interpretación que obliga a la administración pública, pero no a los tribunales.

Según la *Administrative Procedure Act,* la administración está obligada a seguir procedimientos diferentes para la elaboración e interpretación de las normas. El hecho de que en la práctica no siempre es fácil distinguir entre norma e interpretación es, pues, fuente de dudas e incertidumbres.

Antes de expedir normas generales, el órgano administrativo debe: 1) publicar en el *Federal Register* (Boletín Oficial) el lugar y hora del *hearing* (audiencia), y el contenido de la norma proyectada o una descripción de las materias a regular, 2) dar a los interesados la posibilidad de enviar al ente observaciones y memoriales escritos y 3) tomar en consideración en el *hearing* todo el material digno de mérito que se haya presentado. Adviértase que no es necesario que este *hearing* sea una verdadera audiencia y que estén presentes *in corpore* los interesados y sus abogados. Según las leyes del Congreso que han constituido algunos de los entes reguladores, los interesados tienen derecho, además, a un *hearing* oral. De todos modos, la norma debe ser publicada un mes antes de entrar en vigencia. Este último requisito, que generalmente no se encuentra en la legislación y práctica europeas, es favorablemente comentado en el estudio del derecho administrativo comparado realizado por el *Institut International des Sciences administratives.*[11]

---

[11] «Il serait sage que, comme on le fait aux États Unis, sinon toutes les décisions administratives, au moins les réglements les plus importants, n'entrent en application, sauf le cas d'urgence, qu' apres l'expiration d'un délai suffisant a compter de leur publication. On éviterait ainsi, dans une assez large proportion, les recours ultérieurs.» Henry Puget y Georges Maleville, *La revision des décisions administratives sur recours des administrés,* Bruselas, Institut International des Sciences Administratives, 1953, página 12.

En el caso de la interpretación, el órgano solamente está obligado a efectuar la publicación. La aplicación integral de esta medida de la *Administrative Procedure Act* parece imposible. En la práctica, los órganos se conforman con publicar las interpretaciones más importantes. Como la *Administrative Procedure Act* no prevé ninguna sanción contra quien no cumple con la obligación de publicar todas las interpretaciones, los entes no deben temer condenas por la falta de cumplimiento de una obligación difícilmente ejecutable.

Las interpretaciones pueden ser expedidas por varios órganos del ente. Pueden revestir los augustos hábitos de una *commission regulation* o los más modestos de una *commission opinion.* Si la comisión misma no establece nada al respecto, la interpretación puede llamarse *opinion of the general counsel* (opinión del procurador general). Sin embargo, si se publica la opinión del *general counsel,* ello implica la aprobación de la comisión; si no se publica, puede ser considerada solamente como opinión «oficiosa» del *general counsel,* y en este caso la opinión no obliga a la comisión.

### 4. Recursos administrativos

Los recursos administrativos contra los actos administrativos en el derecho administrativo norteamericano se distinguen netamente de los recursos administrativos franceses e italianos, por la forma y por su relativa importancia. En el derecho estadounidense, dichos recursos, si son interpuestos ante los tribunales administrativos, como acontece en la mayor parte de los casos, asumen la forma de un proceso cuasi-judicial y no está claro si pueden entrar en el concepto del recurso administrativo o si, en cambio, deben ser considerados como recours quasi *contentieux* (recurso cuasi-contencioso),[12] Asimismo estos recursos, en lugar de constituir la regla, como en Francia e Italia, en el derecho administrativo norteamericano constituyen la excepción. Según la *Administrative Procedure Act,* salvo disposición en contrario de las normas del derecho especial correspondiente, no es necesario acudir al *iter* administrativo, o bien intentar la oposición (*application for a rehearing)* o el recurso jerárquico (*agency appeal*), antes de recurrir ante un tribunal ordinario. Esta ley establece, además, que la ejecución del acto impugnado se suspende mientras se tramita el recurso jerárquico. El acto administrativo es perfecto *(final)* cuando ha concluido el proceso de primer grado. Cuando se trata de

[12] Ibid., págs. 10-33.

un verdadero recurso administrativo, los tribunales ordinarios asumen una actitud poco atenta respecto de la administración. En la causa *Levers c/Anderson*,[13] la Corte Suprema resolvió que los tribunales ordinarios pueden hacer lugar a un recurso contra un acto administrativo aunque el solicitante no se haya valido antes de un recurso en oposición, en los casos en que correspondía a la administración la facultad de otorgar o rechazar un nuevo *hearing*.

En Europa, el recurso administrativo más importante es el llamado «jerárquico», el cual en cambio, así como la disposición que lo establece son raros en el derecho administrativo estadounidense. No se admite semejante recurso a la administración federal por parte de las administraciones estatales y, al menos bajo el aspecto formal, la administración federal admite pocas jerarquías. En efecto, las divisiones regionales de los diversos ministerios y entes autónomos son reparticiones de orden interno que, a menudo tienen para los particulares solo una existencia de facto. No existe tampoco un tribunal de apelación superministerial (por ejemplo, en la oficina de la presidencia) competente para entender en recursos jerárquicos.

El derecho administrativo norteamericano no conoce una justicia retenida formal, similar a la que en Italia corresponde al recurso extraordinario ante el presidente de la República, o a los establecidos en los derechos administrativos belga y holandés; pero con anterioridad a la *Administrative Procedure Act*, según el procedimiento seguido por algunos órganos administrativos, el acto administrativo procedía del ministro o de la comisión, y el proceso ante el tribunal administrativo configuraba solamente una función consultiva, tendiente a informar al ministro o a la comisión competente acerca de los hechos y a sugerir una eventual resolución del conflicto. Sin embargo, la Corte Suprema, en la causa *Morgan c/US*,[14] negó constitucionalidad a un proceso efectuado según el principio de justicia retenida y aquella decisión fue confirmada por una disposición de la *Administrative Procedure Act*, que estableció que, salvo en los casos en que todos los actos (*record*) del procedimiento hayan sido presentados ante ministro o ante la comisión para su decisión, corresponde al funcionario (*examiner*) que dirige el proceso dictar la decisión de primer grado. Excepciones a esta decisión pueden ser propuestas por las dos partes.

---

13 326 US 219, 1945.

14 298 US 468, 1936.

## 5. La función cuasi-judicial

La función cuasi-judicial de la administración pública podría ser calificada como actividad de naturaleza administrativa desarrollada según un procedimiento judicial. Es una actividad de naturaleza administrativa porque consiste en la aplicación de directivas generales a casos concretos; es procedimiento judicial porque da a las partes la posibilidad y les impone la obligación de presentarse ante un funcionario que actúa como juez especial *(examiner),* quien las oye según un procedimiento que ofrece garantías de un *fair trial* (equitativo juicio) semejantes, pero no idénticas, a las de los tribunales ordinarios. Sin embargo, también es posible hablar de actividad de naturaleza cuasi-administrativa porque algunos entes, como por ejemplo la *National Labor Relations Board* y la *Federal Trade Commision,* el uno cuando resuelve conflictos entre empresarios y trabajadores, el otro cuando determina las obligaciones concretas de un empresario impuestas por las normas que definen la concurrencia leal, desarrollan una actividad que podría ser considerada de naturaleza judicial más bien que administrativa (como ciertamente sucede con algunas actividades de otros órganos, por ejemplo, la fijación de las tarifas de los ferrocarriles por parte de la *Interstate Commerce Commission* y las resoluciones sobre solicitudes de licencias emanadas de la *Civil Aeronautics Board o* de la *Federal Communications Commission*). También se puede hablar de procedimiento cuasi-judicial porque el mismo no es exactamente igual al proceso judicial de los tribunales ordinarios y porque normalmente existe derecho a un recurso para ante los tribunales ordinarios, precisamente por el hecho de que el proceso ante los tribunales administrativos no se considera una tutela adecuada de los derechos de libertad sustanciales y procesales, suficiente como para impedir al particular prescindir de una ulterior tutela de estos derechos por medio de un auténtico proceso judicial.[15]

Según la *Administrative Procedure Act,* los procesos cuasi-judiciales son presididos por un *examiner o* bien, en casos excepcionales, por uno o varios miembros del ente de que se trate. Un *examiner* es un funcionario que no pertenece al orden judicial. Normalmente es un perito con competencias especiales para la determinación de los

---

[15] En contra, MAYERS, *op. cit.,* pág. 404: «Not is there much value to the term «quasi-judicial», not infrequently applied to administrative tribunals». («Ni vale mucho la expresión *cuasi-judicial,* frecuentemente aplicada a los tribunales administrativos»).

hechos controvertidos ante el tribunal. El nombramiento de los *examiners* está establecido también en la *Administrative Procedure Act.* Son elegidos por los entes a quienes sirven, pero pueden ser removidos solamente por justa causa y con la aprobación de la *Civil Service Commission.* (Comisión del Servicio Civil). El objeto de esta disposición es otorgar al *examiner* un *status* más similar al del juez. Tal vez, como observa un jurista, no pueda tener una adecuada independencia si depende de un ente regulador, y quizás sería conveniente otorgarle un título de carácter más «judicial» que el de *examiner,* de sabor administrativo.[16]

Las decisiones administrativas, sin embargo, no siempre son resultados de un proceso judicial. El derecho administrativo admite procedimientos formales y procedimientos informales. Según la *Administrative Procedure Act* solamente los formales imponen el recurso al proceso cuasi-judicial. La distinción entre los dos procedimientos no es clara.

Los procedimientos informales son válidos si se verifican determinadas condiciones, de las que las siguientes son las más importantes: 1) que las partes se pongan de acuerdo para seguir un procedimiento informal; 2) que la determinación que resulta del procedimiento no sea final y obligatoria; 3) que la cuestión sea susceptible de un proceso judicial *ex novo;* 4) que la decisión tenga por contenido una relación de empleo público; 5) que la decisión deba ser fundada en su mayor parte sobre inspecciones, pruebas; 6) que tenga relación con funciones militares; 7) que el órgano administrativo actúe como agente de un tribunal (por ejemplo, en calidad de curador en una quiebra, o de órgano asistencial en procedimientos de adopción), u 8) que se trate de la certificación de representantes sindicales.

El proceso cuasi-judicial debe garantizar al particular el *due process of law.* Esta expresión, pivote del derecho procesal norteamericano, es intraducible e indefinible. El más docto de los jueces que integran actualmente la Corte Suprema, Félix Frankfurter,[*] ex profesor de derecho administrativo de la Universidad de Harvard, dice que el concepto del *due process* «no puede ser aprisionado dentro de los límites traicioneros de ninguna fórmula» («cannot be imprisoned within the treacherous limits of any formula»).[17]

[16] Ibid., págs. 418, 419, 495. En 1945, el estado de California constituyó el primer cuerpo independiente de *examiners.*

[*] Recientemente retirado, ha sido remplazado por Samuel Goldberg. (*N. del Ed.)*

[17] Joint Antifascist Refugee Committee v. /McGrath, 314 US 123, 1951.

Requiere, entre otras, a la *adequate notice* y al *fair hearing.* El requisito de *adequate notice* obliga a la administración pública a informar a las partes del tiempo, lugar y naturaleza del *hearing,* con una «razonable» anticipación. Si la naturaleza del *hearing* no le es notificada con suficiente detalle, el particular interesado puede pedir un *bill of particulars.* El *hearing* normalmente es oral, con la posibilidad de la *cross-examination* (interrogatorio con repreguntas o careo) de los testigos, pero si las partes se ponen de acuerdo en cuanto a los hechos, el procedimiento puede ser escrito. Un tercer elemento del *due process* es un juez imparcial. Las normas establecidas para la elección de los *examiners* y para garantizar su independencia son muy valiosas para asegurar la imparcialidad del proceso.

Las garantías procesales de la libertad[18] que se establecen en las enmiendas IV a VIII de la Constitución federal se aplican también, en parte, al proceso cuasi-judicial. En particular, las siguientes garantías de la libertad obligan a los tribunales administrativos: 1) el derecho de no sufrir requisiciones ni secuestros irrazonables, 2) el derecho de negarse a declarar contra sí mismo, 3) el derecho a la *crossexamination.* Además, el particular tiene la facultad de citar a cualquier persona para comparecer como testigo, toda vez que a la administración pública se conceda idéntica facultad.

La *Administrative Procedure Act* atribuye a los tribunales el poder de «compeler a los órganos a ejecutar una acción demorada irrazonablemente» («*compel agency action unreasonably delayed*»). Ardua, sin embargo, resulta la puesta en ejecución de este imperativo por los tribunales, cuando rehúsan sustituir a los órganos administrativos que no ejercen sus funciones con la debida diligencia y se abstienen así de usurpar funciones atribuidas por el legislador a la administración, y, en lo que se refiere a tribunales constitucionales federales, funciones que no pueden ser ejercitadas por estos tribunales sin violación del principio constitucional de la división de los poderes. El derecho a un *speedy trial* (juicio rápido), parece limitado, también, por la doctrina aplicada por el *National Labor Relations Board,* que puede negarse a actuar en determinados tipos de casos; esta doctrina ha sido aprobada por la Corte Suprema en el caso *National Labor Relations Board c/Denver Building and Construction Trades Council.*[19] La actitud de la *National Labor Relations Board* parecería

---

[18] John Clarke Adams, *Il diritto costituzionale americano,* Florencia, La Nuova Italia, 1954, págs. 90-123.

[19] 341 US 675, 1951.

negar al particular la protección que le acuerda la norma legislativa por la cual el Congreso estableció el ente y determinó sus funciones.

Además de la jurisdicción sustancialmente administrativa, los tribunales administrativos se ven obligados frecuentemente a decidir cuestiones incidentales de naturaleza muy diferente. Si una mujer pide una pensión porque es viuda, es necesario comprobar que es efectivamente viuda. Tal verificación, sin embargo, tendrá un efecto pro *tanto* y no constituye *res judicata.*

En el concepto del derecho administrativo estadounidense está incluida una rama del derecho completamente privatista. A pesar del hecho de que tal vez más de la mitad de las sentencias administrativas resuelven litigios en los cuales no es parte el Estado, esta rama del derecho es, a menudo, descuidada. El mayor número de casos de este tipo lo constituyen las demandas de los trabajadores contra los empresarios y las sociedades de seguro por enfermedades e infortunios profesionales. Estas demandas, en casi todas las jurisdicciones norteamericanas, son instauradas ante tribunales administrativos. La *Interstate Commerce Commission,* por ejemplo, puede entender en una demanda formulada por un despachante contra una empresa de transportes cuyo objeto es el reembolso de una tarifa ilegal. Los otros entes reguladores tienen competencias análogas. En cierto sentido, puede decirse que toda la jurisdicción de la *National Labor Relations Board* tiene por objeto la resolución de determinados tipos de conflictos sindicales entre particulares. En estos casos, a pesar de ser un particular, generalmente un sindicato, el que debe recurrir a la *National Labor Relations Board* (sin la iniciativa de un particular el ente no puede actuar), quien actúa y se convierte en actor formal en el litigio es el ente regulador. Es difícil apreciar qué ventaja resulta de este procedimiento. Con palabras del profesor Mayers:

> «... Es difícil entender por qué la decisión de conflictos según la *National Labor Relations Act* no deba seguir sustancialmente el mismo ritual de un proceso judicial, con las alegaciones y presentación de pruebas a cargo enteramente de las partes. Si la asistencia gratuita para una de las partes constituye una obligación de la administración pública, podría ser otorgada en aquellos casos en los cuales se demostrara su necesidad».[20]

---

20 «... it is difficult to see why the adjudication of complaints under the National Labor Relations Act should not follow substantially the same course as a judicial adjudication, with the pleadings and presentation of evidence entirely in the hands of the parties. If legal assistance to either of the parties is a proper public

Cada vez que la administración niega un permiso a un particular, le quita alguna ventaja; cuando revoca un permiso puede dañar sus intereses más gravemente. Según el derecho administrativo norteamericano, los tribunales administrativos y, en casos excepcionales, funcionarios que no pertenecen a un tribunal, pueden también imponer las llamadas penas administrativas. Históricamente, una de las primeras de estas penas autorizadas por el Congreso la configuró la negativa a la prestación de servicios postales a toda persona que, según una determinación del *Postmaster General* (Director de Correos), se hubiera servido del Correo para vender o distribuir billetes de lotería o para efectuar un fraude. En el sistema estadounidense, las multas administrativas son raras, pero son admitidas, por ejemplo, contra las sociedades marítimas que transportan inmigrantes afectados de ciertas enfermedades. Una pena administrativa particularmente severa fue establecida por la *War Production Act* (Ley de Producción Bélica) de 1950, en la que a discreción de un tribunal administrativo se requiere el pago de una suma determinada cuando se violen reglamentos sobre el control de precios, suma que podría no ser computada para la liquidación del impuesto a la renta.

A pesar de su nombre, la *Administrative Procedure Act* no prescribe un procedimiento a seguirse en los procesos cuasi-judiciales. En el derecho angloamericano la elaboración del derecho procesal se deja, en gran parte, a los tribunales, y no debe sorprendernos, pues, que los tribunales administrativos se hayan arrogado semejante poder. Así, cada tribunal administrativo ha creado una manera de proceder propia, semejante a los métodos usados por otros tribunales, pero única bajo ciertos aspectos. Estas normas procesales forman parte del derecho administrativo especial, y por lo tanto escapan al objeto del presente libro. Aquí puedo solamente mencionar ciertas distinciones entre el proceso judicial y la generalidad de los procesos cuasi-judiciales de la administración pública.[21]

En el proceso judicial, el demandado (o imputado) después de la declaración de la otra parte, puede excepcionarse basado en la insuficiencia jurídica de la acusación y esta cuestión prejudicial será decidida inmediatamente por el tribunal. Como en el proceso cuasi-judicial, el ente regulador es el que prepara la declaración (cuando

---

responsability, it could be provided in those cases where the need was demonstrated.» MAYERS, op. *cit.,* pág. 488. En cuanto al patrocinio gratuito véase ELENA ROBERG DE LAURENTIIS, «Il patrocinio gratuito in America», en *Rivista di diritto civile,* 1956.

[21] Seguimos aquí en gran parte a MAYERS, *op. cit.,* págs. 422427.

el ente es actor), es poco probable que admita una excepción prejudicial de este tipo; y, como veremos en el capítulo siguiente, los tribunales ordinarios no admiten recursos, ni siquiera cuando sean motivados por excepciones prejudiciales, antes de que el tribunal administrativo haya dictado una sentencia definitiva.

El derecho de hacerse representar por un abogado es generalmente admitido por los tribunales administrativos, pero el particular indigente nunca tiene derecho al patrocinio gratuito que se le concede en ciertas circunstancias ante los tribunales ordinarios.

Las limitaciones de las pruebas admitidas en el proceso judicial no son aplicadas en todo su rigor por los tribunales administrativos. Estas reglas fueron establecidas para evitar que un jurado lego pudiera ser confundido por informaciones perjudiciales para una de las partes y que no fuera pertinente la determinación de los hechos controvertidos entre las partes. En el proceso cuasi-judicial la determinación de los hechos es tarea a cargo de peritos que deben saber apreciar las pruebas sin dar mucho peso a aquellas de escaso valor probatorio. Sin embargo una orden de un tribunal administrativo, fundada únicamente sobre una *hearsay evidence* (testimonios fundados sobre lo que «se dice», que, salvo casos excepcionales, están excluidos del proceso judicial) fue anulada por la Corte Suprema porque constituía una violación del *due process of law*.[22]

Normalmente, en el proceso judicial, el tribunal puede considerar verdaderos sin entrar a probarlos (*take judicial notice of*) solamente aquellos hechos que se consideran de público conocimiento; en cuanto al proceso cuasi-judicial, se advierte una tendencia a considerar verdaderas las informaciones recogidas por los funcionarios en las indagaciones realizadas para preparar la determinación de los programas del ente regulador. De esta manera, la parte contraria no tiene posibilidad de negar los hechos controvertidos.

---

[22] *Bridges v. / Wixon*, 326 US 135 (1945). Se trataba de una tentativa para expulsar de los Estados Unidos al sindicalista Bridges, nacido en Australia, por haber sido comunista.

# CAPÍTULO IV

# LOS RECURSOS ANTE LOS TRIBUNALES ORDINARIOS EN EL DERECHO ADMINISTRATIVO NORTEAMERICANO

**Sumario**:1. — Ordenamiento judicial federal. — 2. Las limitaciones genéricas del contralor judicial sobre la administración pública en el derecho angloamericano. — 3. Recursos que atacan la validez de los actos administrativos. — 4. Recursos por resarcimiento de daños.

## 1. Ordenamiento judicial federal

El ordenamiento judicial de los Estados Unidos es doble. El Estado federal y cada uno de los cincuenta Estados que componen la Unión tienen su propio ordenamiento y su propia jerarquía de tribunales. En estas páginas, sin embargo, nos ocuparemos solamente de los tribunales federales.

Se pueden distinguir dos tipos de tribunales federales; los tribunales constitucionales y los llamados tribunales legislativos.

El artículo III de la Constitución norteamericana atribuye el poder judicial federal a una Corte Suprema y a los tribunales inferiores que establezca el Congreso. La Corte Suprema y los tribunales inferiores establecidos de conformidad con este artículo se llaman tribunales constitucionales. Según la doctrina estadounidense de la división de los poderes, estos tribunales solamente pueden ejercer la función judicial; cuando un conflicto se refiere a un derecho subjetivo constitucional, el particular debe tener la posibilidad de recurrir a un tribunal constitucional.

La competencia de los tribunales ordinarios o constitucionales se extienden a todas las controversias que entran en la esfera del derecho federal, con excepción de aquellas expresamente sustraídas por la ley a su competencia y atribuidas a los tribunales legislativos o administrativos.

Además, esta competencia absorbe las controversias que generalmente pueden resolverse en base al derecho local (sancionado por cada Estado), si se produce una de las siguientes condiciones: 1) una *federal question* (caso federal) (si el demandado o el imputado alega la inconstitucionalidad de la ley [con respecto a la Constitución federal]), o bien 2) *diversity of citizenship* (si el demandado, natural de un distinto Estado que el actor o del tribunal ante el cual es citado y temiendo una lesión de sus derechos a causa de una eventual parcialidad del tribunal, pide que el caso sea pasado a un tribunal federal).

Los tribunales constitucionales son organizados en tres instancias. Los de primera instancia se llaman Tribunales de Distrito (*district courts*). El territorio nacional está dividido en 84 distritos, cada uno con su propio tribunal, en el cual funcionan de uno a dieciséis jueces nombrados vitaliciamente y protegidos por la prerrogativa de la inamovilidad. Hay alrededor de 225 jueces de distrito (*district court judges*).

Estos tribunales solo tienen jurisdicción de primer grado, salvo una competencia limitada para entender en ciertos recursos contra las decisiones de los tribunales administrativos. Por regla general están presididos por un solo juez, pero en ciertos casos, cuando se admiten recursos contra decisiones de los tribunales administrativos, los jueces son tres. En estos casos y en otras circunstancias excepcionales, hay apelación directa a la Corte Suprema de las sentencias de las *district courts.*

Los tribunales de segunda instancia se llaman Cortes de Apelación (*courts of appeals*). Estos tribunales tienen solamente jurisdicción de segundo grado en los recursos contra las sentencias de los tribunales judiciales de primera instancia y, también en algunos casos en recursos contra las de los tribunales administrativos. En cada Corte de Apelación actúan de tres a seis jueces. (En total hay alrededor de sesenta jueces para las once Cortes de Apelación existentes.) Los jueces, en número de dos o tres, entienden en los recursos. En el caso en que no haya sino dos y estos no se pongan de acuerdo sobre alguna cuestión de derecho las cuestiones de hecho, por lo general, no se examinan en grado de apelación), pueden ellos suspender las audiencias y remitir la cuestión al juicio de la Corte Suprema, la cual, una vez resuelta la cuestión, reenvía la causa a la Corte de Apelación para dictar la correspondiente decisión.

El tribunal de tercera instancia es la Corte Suprema (*Supreme Court*), compuesta por nueve jueces. Esta Corte no se divide nunca en salas; la validez de sus sentencias está condicionada a la presencia de, por lo menos, cinco jueces. Es esta Corte la que en sus sentencias en materia constitucional sienta el principio de la *judicial supremacy.*

Las decisiones de los tribunales no se toman por unanimidad, sino por simple mayoría. En la parte dispositiva de la sentencia, se relatan las eventuales opiniones disidentes o concurrentes (opiniones, estas últimas, que si bien aprueban las decisiones de la mayoría, no concuerdan, sin embargo, con su fundamento).

La Corte Suprema no tiene jurisdicción originaria *ratione materiae,* pero es competente en primera instancia cuando un Estado extranjero o un Estado de la Unión o un embajador, ministro o cónsul de un país extranjero, es parte en la causa. Tiene competencia de segundo (o tercer) grado en los recursos de las partes contra las sentencias de jueces inferiores federales o estatales (respecto a estos últimos solamente si existe una cuestión de inconstitucionalidad) o si una cuestión de derecho le es «certificada» por jueces de una Corte de Apelación.

Solamente en casos muy excepcionales, sin embargo, las partes tienen derecho de recurrir en grado de apelación ante la Corte suprema. Se admite recurrir por ante la Corte Suprema contra las sentencias de la Corte de Apelación federal: 1) si la Corte de Apelación ha puesto en tela de juicio una ley estatal, o 2) en ciertos casos, si la Corte de Apelación ha puesto en tela de juicio una ley federal. Existe, además la facultad de un recurso directo contra la sentencia del tribunal federal, si este ha atacado una ley penal o se ha negado a aplicar una ley federal. Hay, por último, derecho a un recurso contra el fallo de la Corte Suprema de un Estado (o del último tribunal estatal competente): 1) si una parte ha citado una ley federal o un tratado cuya validez haya sido negada por la Corte estatal, o 2) si una parte ha alegado la incompatibilidad de una ley con la Constitución federal, cuya compatibilidad, por el contrario ha sido sostenida por la Corte estatal.

En los demás casos, las partes solamente tienen derecho a pedir un *writ of certiorari,* que es admitido o negado con examen del recurso y sin proceso. Únicamente si se admite el recurso, tiene lugar el proceso.[1]

---

1 Para una descripción del *writ* of *certiorari,* véase *infra,* sec. 3., pág. 59.

Los tribunales legislativos, en cambio, no se limitan a ejercitar funciones puramente judiciales; son creación del Congreso y tienen la competencia determinada por el mismo. Por esto son, generalmente, tribunales con competencia especial. Entre ellos se encuentran: la *Court of Claims* (Corte de Reclamaciones) que tiene competencia exclusiva para decidir respecto de los créditos que los particulares alegan tener contra el Estado, siendo su competencia complementaria de la de los tribunales ordinarios, instancias prorrogadas por particulares por resarcimiento de daños civiles (*torts*); la *Court of Customs and Patent Appeals* (Corte de Apelación para las aduanas y las patentes de invención), cuya jurisdicción puede deducirse de su nombre; y la *Tax Court* (Corte de Apelación en materia tributaria).

En una sentencia pronunciada en 1933, la Corte Suprema logró complicar aún más esta sutil distinción entre tribunales constitucionales y tribunales legislativos. En esta sentencia,[2] la Corte Suprema creó un tipo híbrido de tribunal, declarando que la Corte de Apelación del Distrito de Columbia es un tribunal constitucional al cual pueden atribuirse también funciones encargadas a tribunales legislativos que normalmente escapan a la competencia de los tribunales constitucionales.

El ordenamiento jurídico estadounidense carece de un *tribunal des conflits* comparable al francés. Según el principio norteamericano de la supremacía judicial, la determinación de las competencias relativas de los tribunales ordinarios y administrativos corresponde siempre a los tribunales ordinarios, los cuales sin embargo, rehúsan pronunciarse en aquellos casos en que no exista una verdadera litis (*justiciable* issue).

## 2. Limitaciones genéricas del contralor judicial sobre la administración pública en el derecho angloamericano

Según el *common law* americano, rige todavía el principio derivado de la máxima «*The king can do no wrong*» (el rey es irresponsable), que niega al particular un derecho de accionar judicialmente contra el Estado; al mismo tiempo, solo esporádicamente existen tribunales administrativos ante los cuales el particular puede recurrir para hacer valer sus derechos.

A pesar de que en la aplicación de este principio se admiten algunas excepciones, representadas por una serie de recursos del

[2] *O'Donoghue v. /United States*, 289 US 516, 1933.

*common law* y de la *equity*, así como por actos legislativos en Inglaterra y en todos los ordenamientos jurídicos de la Unión que expresamente conceden el derecho de accionar contra el Estado en determinadas circunstancias, el principio subsiste y sustrae a los tribunales (que siguen estando obligados por el mismo) la posibilidad de amparar la totalidad de los intereses de los particulares en sus relaciones con el Estado. El sistema angloamericano no ofrece a la administración pública la posibilidad de autodisciplina, que en Francia hubiera podido conducir a la protección de los intereses egoístas de la burocracia, pero que, por el contrario, a través de la magistral jurisprudencia de los consejeros del *Conseil d'État* ha permitido elaborar un incomparable sistema de defensa de los derechos e intereses de los particulares frente al Estado. Tampoco ofrece al particular la protección concedida por el sistema italiano, que otorga un derecho general para recurrir ante los tribunales cuando un pretendido derecho subjetivo ha sido lesionado por una acción administrativa, y que le ofrece la posibilidad de recurrir al Consejo de Estado para la defensa de sus intereses legítimos. En su fase actual, el derecho administrativo angloamericano proporciona al particular una protección amplia, pero no total, de sus derechos e intereses social y moralmente justificados. Este derecho, sin embargo, se encuentra en un estado de evolución, o mejor, en un período de gestación, y no hay razón valedera para creer que el sistema angloamericano sea incompatible con el desarrollo de un derecho administrativo justo y eficaz.

Además de las limitaciones impuestas por el *common law*, los tribunales se han impuesto ciertas autolimitaciones que, por momentos, han parecido hasta excesivas. Aunque admitiendo que «algún tribunal [judicial] debe decidir si se ha aplicado una norma legal errónea y si el proceso mediante el cual se han valorado los hechos se ha desarrollado de manera regular» (*some court must decide whether or not an erroneous rule of law was applied and whether or not the proceedings in which facts were adjudicated was conducted regularly*)[3] los tribunales ordinarios se han negado a reexaminar las determinaciones de hechos efectuadas por los tribunales administrativos, sosteniendo que sería extraño que una Constitución, que expresamente establece que una determinación de hecho, obra de un grupo de ciudadanos carentes de particulares calificaciones (un jurado), tiene valor decisivo si se encuentra apoyada por pruebas, prohíba al Con-

[3] *St. Joseph Stockyards v. /US.*, 298 US 38, 1936, citado por LANDIS, *op. cit.*, pág. 124.

greso la facultad de establecer el carácter final decisivo de las determinaciones de hechos realizadas por un tribunal integrado por expertos, si se encuentran también apoyadas por pruebas.[4] Después de haber establecido el principio de la definitividad de las determinaciones de hechos realizadas por los tribunales administrativos cuando el Congreso lo hubiera expresamente sancionado, en los años siguientes los tribunales judiciales han aplicado este principio también ante el silencio de la ley y en los llamados *jurisdictional facts.*[5] Esta autolimitación de los tribunales judiciales está motivada, a menudo, por la presunta y especial pericia de los tribunales administrativos, que los hace idóneos para indagar los hechos. El profesor Mayers, sin embargo, niega el carácter especializado de los conocimientos necesarios para entender en las materias en que los tribunales administrativos son competentes.[6] Mas que en la especial pericia de los tribunales administrativos, lógica de la doctrina de la definitividad de las determinaciones de hechos se encuentra en el reconocimiento, por parte de los tribunales ordinarios, de que los tribunales administrativos son verdaderos tribunales de primer grado, cuyas sentencias son dignas casi del mismo respeto debido a las sentencias de las *district courts.*

Otra notable autolimitación ha sido formulada en la sentencia del caso *Security Exchange Commission c/Chenery Corporation,* en la que se decía que el tribunal ordinario no puede sustituir al tribunal administrativo, suministrando su propia motivación cuando el acto administrativo no está motivado adecuadamente.[7] El acto en cuestión fue convalidado cuatro años más tarde, después de una reconsideración y una nueva motivación realizada por el ente. En la nueva sentencia de la Corte dijo así:

> «La Corte carece de poder para afirmar la validez de la acción administrativa sustituyendo lo que ella considera el fundamento más adecuado e idóneo de aquélla. Ese proceder introduciría a la Corte en la esfera de competencia que el Congreso ha reservado exclusivamente para la administración... La orden ha sido juzgada según los únicos razonamientos invo-

---

4 *St. Joseph Stockyards v./US.,* 11 F. Supp. 322, 1935, citado por LANDIS, *op. cit.,* pág. 125 (de la sentencia del tribunal de distrito).

5 *NLRB v./Bethlehem Shipping Co.,* 303 US 41, 1938.

6 MAYERS, *op. cit.* págs. 436-437.

7 318 US 80, 1943.

cados claramente por la Comisión. Sobre esa base la orden no podía sostenerse.»[8]

El derecho administrativo de EE. UU., reconoce una categoría de actos administrativos denominados *political questions* (actos políticos) contra cuya validez no se admite la posibilidad de un recurso ante los tribunales judiciales. Según el uso del *common law*, los tribunales cuya incompetencia sobre los actos políticos resulta solamente de propia autolimitación, no han formulado una lista completa de aquéllos. Sin embargo, incluidos en ese concepto de actos políticos y excluidos, pues, de la competencia de la rama judicial, tenemos los actos administrativos siguientes: los de reconocimiento de gobiernos extranjeros, aquellos por medio de los cuales se manejan las relaciones diplomáticas o se ejecutan los tratados, los actos de gracia, los actos del Presidente por cuyo intermedio se mantienen relaciones con el Congreso, y ciertos actos administrativos del Congreso cuando determina el resultado de una elección, la ratificación de una enmienda a la Constitución o la determinación de la existencia o no existencia de un gobierno republicano en uno de los Estados que comprende la federación.[9]

La tesis de Guicciardi,[10] según la cual en el derecho administrativo italiano un acto político, a pesar de no ser impugnable ante el Consejo de Estado, podría ser objeto de un recurso ante los tribunales judiciales en el caso que lesionara un derecho subjetivo, no encuentra paralelo en el derecho administrativo norteamericano.

## 3. Recursos que contestan la validez de los actos administrativos

La validez de un acto administrativo puede ser contestada ante los tribunales judiciales de EE. UU., por medio de dos tipos de acción: 1) recursos fundados en el *common law* (*common law remedies*) y 2) recursos no admitidos por el *common law*, pero autorizados por ley (*statutory remedies*). En algunos Estados de la federación, los

8 «The court is powerless to affirm the administrative action by substituting what it considers to be a more adequate and proper basis. To do so would propel the court into the domain which Congress has set aside exclusively for the administrative agency... The order was judged by the only standards clearly invoked by the Commission. On that basis the order could not stand.» *Security Exchange Commission v. / Chenery Corporation,* 332 US 194, 1947.

9 *Foster v. /Nielson,* 2 Peters 253, 1829; *Luther v. /Borden,* 7 Howard 1, 1849; *Mississippi v. /Johnson,* 4 Wallace 475, 1867; *Colegrove v. /Green,* 328 US 549, 1936. Vease también ADAMS, Il *diritto costituzionale,* págs. 39-40.

10 GUICCIARDI, *op. cit.,* págs. 307-309.

*common law remedies* son válidos sin necesidad de autorización legislativa; en otros Estados y en el sistema federal, es necesaria una autorización genérica previa otorgada por el Poder Legislativo. Aun existiendo esta autorización respecto de los tribunales federales y de la mayoría de los tribunales de los Estados, tanto los fines que estos recursos pueden alcanzar como el procedimiento requerido para ellos, pueden ser —y lo son con frecuencia— sensiblemente modificados por las leyes que los autorizan, así como por las sentencias de los tribunales que sirven de *precedents.* El lector recordará también que en el sistema norteamericano es posible impugnar la validez de un acto administrativo o de una ley mediante *collateral attack* (por vía indirecta), en un conflicto entre particulares, si los derechos pretendidos por una parte se fundan en un acto público.

### a) *Common law remedies*

En el *common law,* como en el derecho romano, los tribunales no podían administrar justicia a todos y por todo. Existían ciertos procedimientos específicos y tradicionales que el actor podía usar para pedir justicia ante los tribunales en ciertos tipos de casos predeterminados. El actor solía pedir del juez un *writ* especial, es decir, una orden cuyo contenido estaba previamente determinado. Esta era, y sigue siendo, la naturaleza de los recursos denominados *writs,* seis de los cuales interesan al derecho administrativo.

Los *common law remedies* se dividen en recursos ordinarios y extraordinarios, aunque no siempre los juristas estén de acuerdo en cuanto a la clasificación de ciertos recursos.[11] Los primeros son los recursos penales y civiles autorizados en general, por el *common law* y la *equity.* Ejemplo del uso de un recurso ordinario en una acción de derecho administrativo lo encontramos en el caso *Lacey c/ Lemmons,*[12] en el que el actor solicitaba un *writ of replevin* contra los agentes del Estado de Nuevo México. Este *writ* ordena que se entregue nuevamente al propietario la propiedad mobiliaria que le fuera quitada ilegalmente En este caso los agentes estatales habían secuestrado como *estrays* (animales extraviados) algunos terneros sin marca encontrados en un potrero y separados de sus madres. En el Estado de Nuevo México, gran parte del cual es semidesértico, el ga-

---

[11] HART, op. *cit.,* págs. 49-54, 65-69, describe el *writ* of *injunction* bajo la rúbrica *extraordinary remedies* y considera que el *declaratory judgment* es un *statutory remedy.* PARKER, op. *cit.,* págs. 264, 274, niega carácter extraordinario al *writ* of *injunction* y considera *non-statutory* al *declaratory judgment.*

[12] 22 N. M. 54, 159 Pac. 949, 1916.

nado vacuno y los caballos son dejados en libertad para pastar, y la propiedad se reconoce solamente por la marca; por esto no hay manera de identificar al propietario de un ternero o de un potrillo no marcado sino por la marca del animal del cual se amamanta. La ley, pues, prohíbe toda tentativa de encerrar animales jóvenes separados de sus madres. La acción por *replevin* era una tentativa para obligar a los agentes estatales a restituir los terneros secuestrados. El recurso fue admitido; el tribunal del Estado de Nuevo México declaró la inconstitucionalidad de la ley, en base a que la ley no establecía la obligación, por parte de los agentes, de notificar del acto de secuestro de los animales al propietario putativo.

Otro ejemplo del uso de un recurso ordinario del *common law* para decidir una cuestión de derecho administrativo se encuentra en el caso *Murray's Lessee c/Hoboken Land and Improvement Company.*[13] El *writ* solicitado mediante este recurso era un *writ of ejectment* (mandamiento de desalojo) para la exclusión del demandado de un bien inmueble sobre el cual el actor reivindicaba derechos de propiedad. El demandado había comprado el terreno en cuestión al Estado federal, que tenía la posesión del mismo en consecuencia de un *distress warrant* expedido por el *Secretary of the Treasury* (ministro de Finanzas) contra el ex propietario; este, un alto funcionario de Aduanas habría omitido, según afirmaba el ministro, entregar al Estado más de 1. 300. 000 dólares en derechos de aduana por él percibidos. El actor atacó la validez del título del demandado, por haberse originado como consecuencia de un acto (*distress warrant*) intrínsecamente nulo, puesto que estaba fuera de los poderes y funciones de un agente de la rama administrativa. Adviértase que en esta famosa causa, decidida más de cien años atrás por la Corte Suprema, no fueron citados ni el Estado ni un funcionario del mismo; el conflicto se entabló entre particulares, pero la litis (*issue*) fue una cuestión de derecho público referida a los límites legales de los actos administrativos.

El tribunal por lo general admite los recursos extraordinarios solo discrecionalmente y, salvo el *writ of habeas corpus,* en los casos en que no existe otro recurso para proteger un pretendido derecho del actor. Existen seis recursos extraordinarios que interesan particularmente al derecho administrativo.

El más famoso de estos recursos es el *writ of habeas corpus,* que puede considerarse la garantía fundamental de las libertades en el sistema jurídico angloamericano. Es el único *writ* expresamente cita-

[13] *18 Howard,* 272, 1855.

do en el texto constitucional de los Estados Unidos. Un particular arrestado o detenido de cualquier otra manera por un funcionario o un particular, puede solicitar este *writ* de cualquier juez. Una vez interpuesto el recurso, tiene lugar inmediatamente una audiencia en presencia del juez, el que determina si existen justos motivos para mantener detenido al particular. En este proceso la carga de la prueba recae sobre la persona que ha ejecutado la detención o que de cualquier otra manera mantiene al recurrente en estado de arresto. Si el juez comprueba que no existen justos motivos, el solicitante es inmediatamente puesto en libertad mediante la expedición de este *writ*, dirigido a la persona que detiene a aquél. En el derecho francés e italiano existen normas que limitan el período durante el cual una persona sospechosa puede ser detenida sin imputación o sin un proceso, pero ni en Francia ni en Italia parece que un detenido tenga un método tan eficaz como el *writ of habeas Corpus* para garantizar la libertad física de su persona.

Uno de los más famosos *writs of habeas corpus* en la jurisprudencia de EE. UU., es el caso *in re* Neagle.[14] En el siglo pasado, durante el período estival, en que la Corte Suprema no sesiona, cada uno de los jueces del alto tribunal debía integrar una *Circuit court* federal. (Estas cortes fueron suprimidas en 1911 y su jurisdicción fue atribuida a las *district courts.* Los jueces de la Corte Suprema no están ahora obligados a actuar también como jueces inferiores; están bastante ocupados con el trabajo de la Corte Suprema y, salvo las vacaciones estivales, permanecen siempre en Washington.) En 1888, el juez Field, quien anteriormente había sido juez de la Corte Suprema del Estado de California, cuando era *Chief Justice* (presidente) de esta un tal Stephen Terry, debió constituirse en la *circuit court* del noveno distrito, con asiento en San Francisco, Estado de California. En dicha sede, Field dictó una sentencia contra la esposa de Terry y le ordenó restituir al actor de la causa, su presunto hijastro, un documento considerado falso que la habría hecho heredera de un pretendido primer marido muerto. Después de haber escuchado el pronunciamiento de la sentencia, la demandaba se puso de pie ante el tribunal y desencadenó una escena escandalosa en la sala. Field entonces ordenó al *marshal* Neagle echarla de la sala. (Un *marshal* es una especie de oficial, adscripto a un tribunal federal para la ejecución de las órdenes de los jueces, con poderes semejantes a los del *sheriff* —personaje bien conocido por los que frecuentan los

---

[14] *135 US I*, 1890.

films del género llamado *western*— quien, a diferencia del *marshal,* es agente de un tribunal estatal.)[15] Cuando Neagle la tocó, Terry agarró un cuchillo y en la pelea que siguió, se encontró un revólver cargado en la cartera de la señora. El resultado de todo esto fue una condena a seis meses de prisión para los cónyuges por *contempt of court* (desacato al tribunal).

Durante el invierno siguiente, los Terry hablaban abiertamente de lo que habrían hecho a Field si este hubiese vuelto a California, pero Field, a quien no le faltaba coraje, insistió en volver allí el verano siguiente, pese a que, en dos años siguientes no estaba obligado a integrar la *Circuit Court.* Como las amenazas de los Terry iban desde las bofetadas y latigazos hasta el asesinato, el *Attorney General* (ministro federal de Justicia) ordenó al *marshal* Neagle acompañar a Field para proteger su vida. Un día, mientras Field comía en un restaurante de los ferrocarriles de California, entraron Terry y su mujer; Terry se acercó a la mesa donde Field estaba comiendo y le dio unas bofetadas. Neagle vino en ayuda del juez y, viendo que Terry ponía la mano en el bolsillo como si buscara un arma, lo mató. Los amigos de Terry influyeron en las autoridades del Estado de California que se arrestara a Neagle y se le acusara de homicidio (delito sobre el cual, salvo que fuera cometido en circunstancias excepcionales, tienen jurisdicción los tribunales estatales y no los federales). Entonces Neagle recurrió ante un tribunal federal por un *writ of habeas corpus.* El tribunal lo dictó, pero, por recurso del *sheriff* del Estado de California que lo había arrestado, la causa fue llevada ante la Corte Suprema federal. La cuestión a decidir era la validez del acto administrativo del *Attorney General* que había ordenado a Neagle acompañar a Field y proteger su vida. Si Neagle había matado a Terry en la ejecución de una obligación impuesta por el derecho federal, tenía derecho al *writ of habeas corpus;* si, en cambio, había actuado de otra manera, no tenía derecho. La Corte Suprema confirmó la sentencia del tribunal federal inferior y fundó su fallo atribuyendo al presidente de los Estados Unidos, en el ejercicio de sus funciones tendientes a garantizar la ejecución de las leyes federales, el poder discrecional de ordenar a un *marshal* —ya sea directamente, ya sea por medio de un agente suyo, y en todo caso sin autorización parlamentaria especial que acompañe a un juez federal y le proteja la vida. Considerando la validez de las instrucciones del *Attorney General,* el Estado de California no podía enjuiciar a

---

15 En cuanto a las funciones históricas del *sheriff,* Véase W. Eric Jackson, *Local Government in England and Wales,* Londres, Penguin Books, 1945.

Neagle por haber ejecutado las funciones de que había sido legítimamente encargado.[16]

El *writ of mandamus* es una orden emanada de un tribunal y dirigida a un funcionario, compeliéndole a ejecutar un *ministerial act* (acto reglado). A pesar de que el pedido de un *writ* de esta naturaleza llevó a la Corte Suprema su más famosa causa, – *Marbury c/Madison*–,[17] en cuya sentencia la Corte por primera vez pronunció la inconstitucionalidad de una ley, este *writ* tiene ahora una importancia relativa en el derecho administrativo federal. En algunos Estados,[18] sin embargo, y también en Inglaterra, aún conserva notable importancia. El uso de este recurso depende, entre otros, de la interpretación del concepto de «acto ministerial». No hay una distinción neta entre actos discrecionales y actos no discrecionales, y los tribunales de los diversos Estados han adoptado criterios diferentes para establecer los límites de aplicación del *writ*. En Inglaterra, para citar algunos ejemplos de extrema indulgencia, los jueces han admitido el *writ:* 1) cuando la administración pública se ha negado a ejercer un poder discrecional propio y 2) cuando la misma ha actuado de una manera que, según el tribunal, no era «razonable».[19]

Los ejemplos de *writs of mandamus* admitidos por los tribunales federales son escasos. En la causa *Kendall c/United States ex relatione* Stokes,[20] sin embargo, la Corte dirigió este *writ al Postmaster General* obligándole a pagar algunas sumas ya aprobadas por el Congreso.

El *writ of prohibition* es una orden de no proceder dirigida a un tribunal inferior. Tiene importancia para el derecho administrativo como recurso extraordinario a efectos de hacer cesar el trámite de una causa ante un tribunal administrativo, para cuya decisión el tribunal es manifiestamente incompetente. A pesar de que el *writ* puede ser expedido antes o después de la sentencia del tribunal inferior, normalmente es una acción preventiva que precede a la sentencia. Sin embargo, se recurre poco a este *writ*, porque solo es admitido cuando es imposible recurrir a otros. Parece que este *writ*,

---

16 He tomado los hechos que anteceden a esta causa de CHARLES FAIRMAN, *American Constitutional Decisions,* Nueva York, Henry Holt & Co., 1950, págs. 136-7.

17 *I Cranch 137,* 1803. Para una descripción de esta causa, v. / ADAMS, *Il diritto costituzionale americano,* págs. 32-34.

18 Véase FOSTER H. SHERWOOD, *Mandamus to Review State Administrative Action,* 45, *Michigan Law Review* 123, 1946.

19 GRIFFITH y STREET, *op. cit.* págs. 229-230.

20 *12 Pet. 524,* 1838.

como el *writ of mandamus,* tanto en Inglaterra,[21] como en algunos Estados de la Unión,[22] ha conservado una importancia mayor que en el derecho administrativo norteamericano.

El *writ of certiorari* es una orden dirigida a un tribunal inferior, que obliga a este a remitir al tribunal que expide el *writ* todos los documentos de un proceso para su eventual revisión. Pese a que el resultado del *writ* es, sustancialmente un proceso en grado de apelación, se distingue de una apelación por el hecho de que en sí mismo no es un recurso de apelación. En el primer caso, el tribunal decide si el solicitante ha dado razones valederas para que el tribunal revea todos los documentos de un proceso que se desarrolló ante el tribunal inferior; en el segundo caso, el solicitante tiene ya el derecho a la apelación y, en principio no tiene que convencer al tribunal para que se lo conceda. En el primer caso, el tribunal decide por sí, sin intervención de partes; en el segundo caso, las dos partes intervienen en la audiencia pública. A pesar de que este *writ* no es admitido contra los entes administrativos federales, tiene importancia para el derecho administrativo. Es usado frecuentemente en causas de derecho administrativo ante los tribunales estatales, y es la manera más común para recurrir a la Corte Suprema federal contra las sentencias de las Cortes de Apelación en cuestiones de derecho administrativo.

El *writ of quo warranto* sirve para contestar el derecho a ocupar un cargo público (*public office).* Actor formal es siempre el *Attorney General,* que actúa en nombre del Estado, de oficio o a pedido de un particular que pueda demostrar que la pretendida usurpación amenaza causarle un daño personal. En el proceso, el *office holder* (titular del cargo) debe exhibir al juez la autorización (en el latín jurídico de la Edad Media *quo warranto*) que legitima su cargo.

Una causa interesante fundada sobre un recurso de *quo warranto* es la *United States c/George Otis Smith,*[23] que llegó a la Suprema Corte por medio de un *writ of certification* de la Corte de Apelación del Distrito de Columbia. (Se recordará que cuando los dos jueces que intervienen en una causa tramitada por ante una Corte de Apelación no están de acuerdo, pueden deferir la cuestión de derecho en que discuten a la Corte Suprema con un *writ of certification*). Smith fue nombrado miembro de la *Federal Power Commission* por el presi-

---

21 Griffith y Street, *op. cit.*, pág. 225-229.
22 Hart, *op. cit,* pág. 61.
23 *286 US 6,* 1932.

dente Hoover y con el debido acuerdo del Senado. Con posterioridad a este acuerdo, sin embargo, el Senado cambió de parecer y pidió al Presidente que difiriera el nombramiento de Smith para dar lugar a un ulterior examen y eventual reconfirmación. El Presidente se negó y se produjo un conflicto entre el Senado y el Presidente acerca de la validez de la designación de Smith como miembro de la *Federal Power Commission*. Como según el procedimiento tradicional para estos casos los Estados Unidos mismos —y no el Senado— deben actuar en calidad de actor, el Presidente se encontró ante una situación ambivalente. Formalmente era actor en el proceso *United States c/Smith*, sustancialmente era demandado en un proceso que, contra él, había debido iniciar el Senado. En el proceso, pues, el Senado estuvo representado por abogados privados elegidos y pagados por él, que representaban al *Attorney General* solo formalmente; el *Attorney General* intervino, con autorización de la Corte, formalmente como *amicus curiae*, pero sustancialmente como abogado defensor de Smith.

La Corte fundamentó su sentencia, en favor de Smith (y del Presidente), en el hecho de que el Senado, según sus reglas en procedimiento no tenía la facultad de reconsiderar un acto de confirmación propio.

El *writ* de mayor importancia práctica para el derecho administrativo de la Unión es el *writ of injunction*. Este es una orden del tribunal que obliga a una persona a hacer, o más a menudo a no hacer, determinada acción. La falta de cumplimiento de la orden se considera *contempt of court*, y hace pasible de multa o prisión —a discreción del tribunal que ha expedido el *writ*— a la persona a la que ha sido dirigida la orden. Si el *writ of injunction* tiene contenido positivo, se denomina *mandatory injuction*. Si tiene contenido negativo, es llamado *preventive injuction*. Este *writ* resulta de una acción en *equity*; puede, pues, ser pedido como medida preventiva, antes que el daño haya sido ocasionado, si el solicitante demuestra, a satisfacción del tribunal, que está en peligro de sufrir un daño irreparable. El *writ of injunction* puede ser dictado de tres maneras. El juez puede dictar inmediatamente una *temporary restraining order*, válida por el período de tiempo necesario para efectuar un estudio preliminar del caso, puede dictar una *interlocutory injunction*, válida hasta la conclusión del proceso y la sentencia final, o bien puede dictar una *interlocutory injunction ex parte evidence* (a simple pedido de parte), es decir, antes de oír a la parte contraria. Una *injunction* permanente puede solamente ser dictada al final del proceso y después que el demandado ha tenido la posibilidad de defenderse plenamente. En Inglaterra, el *writ of injunction* tiene menor importancia para el derecho administrativo, en parte porque no se admite *against the Crown* (contra el Estado).[24]

## b) *Statutory remedies*

Los *statutory remedies* no se prestan a una clasificación y ni siquiera a una enumeración. Se creía que la *Administrative Procedure Act* había ordenado esta materia, pero el Congreso ha preferido dejar en vigencia a la mayor parte de las leyes anteriores que establecían diversos recursos contra determinados actos o negaban competencia a los tribunales. Normalmente, las leyes anteriores no pretendían imponer un contralor racional de los actos administrativos; a menudo se trataba solamente de artículos incluidos en las leyes que creaban entes administrativos o modificaban sus funciones.

A los fines de esta exposición, sin embargo, los *statutory remedies* pueden dividirse en tres grupos: 1) recursos generales, cuya eficacia no está limitada al campo del derecho administrativo, 2) recursos especiales, que los particulares pueden interponer contra actos administrativos, y 3) recursos de los cuales, se sirve la administración pública.

Del primer grupo, solamente nos interesa aquí el *declaratory jugment* (sentencia declarativa). Es un recurso no reconocido por el *common law* tradicional, en el cual se pide una sentencia de mera comprobación de los derechos y deberes en una relación jurídica concreta, antes que una parte haya sufrido daños por el ejercicio de los pretendidos derechos de la parte contraria. Los tribunales federales rehúsan dictar un *declaratory judgment* acerca de los derechos y deberes resultantes de una norma general, pues quieren que la *litis* nazca de una relación jurídica concreta. Este recurso es admitido en muchos Estados de la federación.[25]

Los recursos especiales autorizados por la ley contra los actos administrativos no están ni codificados ni ordenados. En general, no solo difieren de Estado a Estado, sino respecto a cada órgano administrativo. Sin modificar las leyes especiales, la *Administrative Procedure Act* ha intentado coordinar y sistematizar la práctica existente. De acuerdo con esta ley, salvo las excepciones ya establecidas,

---

24 GRIFFITH y STREET, op. *cit.*, pág. 235.

25 Para un ejemplo de un *declaratory judgment*, v. ADAMS, *Il diritto costituzionale*, pág. 37-38.

los tribunales ordinarios pueden admitir recursos contra las decisiones de los tribunales administrativos para decidir sobre cuestiones de derecho, para interpretar la Constitución y las leyes y para determinar el significado y ejecución de las órdenes. El tribunal puede obligar al ente administrativo a actuar cuando no ha querido actuar o cuando se ha demorado de manera irrazonable y puede, también, anular los actos administrativos que sean: 1) arbitrarios, 2) inconstitucionales, 3) *ultravires,* 4) procesalmente ilícitos, o 5) no se funden en hechos comprobados, etc.

Cuando se intenta un recurso ante los tribunales, el órgano administrativo puede suspender la ejecución del acto cuestionado; de otra manera, el tribunal puede intervenir a este efecto por medio de una *injunction.*

Resultado del limitado uso de la ejecución forzada en el derecho angloamericano es la obligación de la administración pública norteamericana de recurrir a los tribunales para la ejecución del emplazamiento contenido en su propio acto. Un sistema tradicional para ejecutar un acto administrativo que no entre en la categoría de los *self-enjorcing acts* (actos de ejecutoriedad propia) es el procedimiento penal contra el particular que no cumple voluntariamente las órdenes contenidas en el acto. También se admite recurrir a una *injunction* contra el particular, emitida por el órgano administrativo; este método debe ser utilizado en los casos en que el legislador no considera delito el incumplimiento de un acto administrativo; asimismo sirve al órgano administrativo cuando este no quiere esperar la acción del particular si, como en el caso de las medidas dictadas por la *National Labor Relations Board,* se admite que la administración intente un recurso para conferir ejecutoriedad a una orden, sin esperar las pruebas de su eventual incumplimiento.

Una cuestión de notable importancia en el derecho administrativo de la Unión es la determinación del momento justo para intentar un recurso contra una decisión de un tribunal administrativo. Es norma general que los tribunales ordinarios carecen de competencia antes de que hayan sido agotados todos los recursos administrativos (doctrina de la *exhaustion of administrativo remedies).* Una regla análoga, pero de alcance más restringido, es la que reconoce jurisdicción primaria exclusiva al tribunal administrativo, porque es un tribunal de expertos (doctrina del *prior resort*-competencia funcional de primer grado); en casos excepcionales, sin embargo, los tribunales ordinarios han admitido recursos no conformes con estas reglas ya fuese por manifiesta carencia de jurisdicción por parte del tribunal administrativo o porque la oposición era considerada recurso facultativo y no obligatorio.

## 4. Recursos por resarcimiento de daños

### a) *Recursos contra el funcionario*

Según el derecho norteamericano, el particular puede tener derecho a accionar contra el funcionario por el resarcimiento de los daños que derivan de un acto administrativo ilícito. En la práctica, sin embargo, esta posibilidad es de poco valor, por dos razones: 1) raramente el funcionario se encuentra en posesión de medios económicos suficientes para resarcir los daños a un particular, salvo por lesiones menores, y 2) generalmente los tribunales —por miedo de atacar a funcionarios que obran de buena fe y para no atemorizar a otros funcionarios, y tornarlos, así, poco inclinados a obrar cuando haya la posibilidad de una condena eventual— se niegan a condenar a los funcionarios al resarcimiento de los daños hasta por sus actos ilícitos, si se trata de actos que hubieran podido cometerse de buena fe.[26]

### b) *Recursos contra el Estado*

*Recursos relativos a contratos.* — En 1885 el Congreso de EE. UN., creó un tribunal legislativo especial, la *Court of Claims* con competencia para juzgar demandas contra el Estado federal referentes al cumplimiento de contratos.

El derecho norteamericano garantiza al particular, en manera satisfactoria, la tutela de sus derechos contractuales respecto del Estado federal. Algunos Estados de la federación, aunque no todos, ofrecen análoga protección respecto de los contratos en los cuales ellos son parte. Estos derechos, sin embargo, a pesar de que están fundados en las garantías del *common law* en las acciones entre los particulares, se distinguen en algunos detalles de los derechos del *common law.* Por ejemplo, mientras el particular puede ser condenado a pagar los gastos causídicos, salvo especial autorización de ley, el tribunal no puede condenar al Estado al pago de estos gastos.

La *Crown Proceedings Act* otorga al particular inglés las mismas facultades *in contracts,* ya sea contra el Estado o contra los particulares, pero no establece, como lo ha hecho la ley norteamericana de

[26] Véase Hart, op. *cit.,* págs. 247-306.

1855, un tribunal especial para juzgar los conflictos que nacen de estos nuevos derechos. Respecto de los contratos públicos, es posible que los franceses, los ingleses y los norteamericanos estén protegidos un poco mejor que los italianos, quienes nunca pueden saber si para defender sus derechos o intereses relativos a los contratos públicos deben recurrir al Consejo de Estado o a los tribunales judiciales.[27]

*Recursos por torts.* – Solamente a partir de 1948, con la aprobación de la *Federal Tort Claims Act* (ley federal sobre demandas de daños civiles), se ha otorgado al particular una acción contra el Estado por resarcimiento de daños civiles, análoga al derecho que el *common law* le otorga contra otros particulares. Esta posibilidad, sin embargo, está limitada por numerosas e importantes excepciones, algunas de las cuales tienen origen en el *common law* y otras en las normas del acto mismo. Según el *common law,* en los *torts* (daños civiles), existe responsabilidad por el resarcimiento de los daños sufridos únicamente si el demandado no ha cumplido con la obligación de obrar, respecto del actor, tal como habría obrado un hombre «razonable». Pero si el demandado ha tomado todas las precauciones de un hombre «razonable», no existe un *tort* y el demandado no es responsable por los daños que eventualmente pudieran resultar de su acción.

La responsabilidad del Estado federal estadounidense por los *torts* de sus agentes está, también, limitada por la doctrina según la cual todo mandante es responsable solamente por las acciones realizadas por su agente en el ejercicio de las funciones que le hayan sido asignadas.

Además de estas limitaciones derivadas del derecho de los *torts,* la *Federal Tort Claims Act,* establece otras limitaciones de importancia capital, como la disposición que niega a los tribunales la facultad de condenar al Estado al pago de *Punitive damages* (pagos que exceden la pérdida pecuniaria de la parte perjudicada, impuestos por el tribunal al demandado como una pena civil). El uso de los *punitive damages,* establecido por el *common law,* quizás resulta del hecho de que en el procedimiento penal de EE. UU., no interviene la parte civil, y si se quiere pedir resarcimientos es necesario, que se intente una acción civil. En algunos casos de *torts,* pues, cuando el daño resulta de un hecho ilícito cuasi-penal, es práctica común condenar al responsable a pagar a la parte perjudicada, además del resarcimiento propio de la acción civil, una pena, bajo forma de multa.

---

[27] ZANOBINI, op. *cit.,* vol. II, págs. 144-145.

Este uso quizás sea un residuo del concepto primitivo del *private delict* (delito de acción privada). En ciertas sociedades primitivas, el homicidio, por ejemplo, es un delito de acción privada y, en lugar de purgar una pena impuesta por el Estado, el homicida está obligado solamente al resarcimiento de los daños a los parientes del asesinado, resarcimiento que puede consistir en una multa, pero que puede también autorizar a los parientes del occiso a matar al homicida.[28]

Más serias que estas limitaciones, sin embargo, son las excepciones a la competencia de los tribunales enumeradas en la *Federal Tort Claims Act*; en efecto las disposiciones de esta ley no se aplican a:

1) La reclamación contra el acto de un funcionario, promovida con la necesaria diligencia en virtud de ley o reglamento, independientemente de la validez de dicha ley o reglamento, o bien contra el ejercicio, o la ejecución, o la falta de ejercicio, o la falta de ejecución, de una función o tarea discrecional por parte de una oficina federal o de un funcionario, independientemente de que haya habido o no abuso del dicho poder discrecional;
2) La reclamación fundada en la pérdida, o extravío, o negligencia en el acarreo de cartas o de cualquier otro material postal;
3) La reclamación fundada en imposición o cobro de tasas, o tarifas aduaneras, o en retención de bienes o mercaderías por parte de cualquier funcionario del Fisco, o de la Aduana, o de otro órgano de vigilancia;
4) La reclamación por daños ocasionados por la imposición de cuarentenas por parte del gobierno federal;
5) La reclamación fundada en daños a vehículos flotantes, o a la carga, o al equipaje, o a los pasajeros de una nave, en tránsito por el canal de Panamá o mientras atraviesa las aguas de la zona del Canal;
6) La reclamación fundada en: tentativa de violencia, violencia consumada, secuestro de persona, detención injustificada, persecución inicua, uso abusivo de notificación, difamación escrita o verbal, dolo o violencia en la estipulación de los contratos;

[28] Véase A. R. RADCLIFFE-BROWN, «Primitive Law» en *Encyclopedia of the Social Sciences*, vol. 9, Nueva York, Macmillan Co., 1933, págs. 202-206; reimpreso en A. R. RADCLIFFE-BROWN, *Structure and Function in Primitive Society*, Londres, Cohen and West, 1952, págs. 212-219; y MAYERS, *op. cit.*, págs. 155-156.

7) La reclamación por daños ocasionados por procedimientos fiscales o por las normas del sistema monetario;

8) La reclamación fundada en operaciones militares del ejército, la marina, o la guardia costera, en tiempo de guerra;

9) La reclamación originada en país extranjero.

Están también excluidas las instancias fundadas en un acto administrativo discrecional o en un acto «reglado» si el funcionario ha usado *due care* (debida diligencia) al ejecutarlo. En este caso, la eventual ilegitimidad de la norma por la cual el acto está autorizado, no hace responsable al Estado por el resarcimiento de los daños.

Se ve claramente que la *Federal Tort Claims Act* no puede pretender haber llenado la gran laguna de la justicia administrativa americana, laguna que resulta de la imposibilidad para el particular de recibir justicia del Estado en los muchos casos en que un acto administrativo puede perjudicar un derecho suyo. Es una ley digna de alabanza por lo poco que puede hacer, pero censurable por lo mucho que no hace. Protege al particular víctima de daños resultantes de un acto no discrecional de la administración pública, ejecutado sin *due care*; quizás la mayoría de las causas iniciadas por los particulares, de acuerdo con los términos de esta ley, resulte de accidentes automovilísticos causados por vehículos de propiedad, o al servicio, de una administración pública.

Si los daños reclamados no pasan de mil dólares, la *Federal Tort Claims Act* autoriza al ministro, o al jefe del ente autónomo responsable, o a su delegado, para consentir el pago sin recurrir a los tribunales. En la práctica, los órganos administrativos utilizan frecuentemente de esta facultad.

En Inglaterra, la *Crown Proceedings Act* de 1947, a pesar de su superioridad sobre la *Federal Tort Claims Act,* adolece de idénticas insuficiencias y excepciones.[29] Ambas leyes son demasiado revolucionarias y recientes como para poder funcionar ya de manera satisfactoria. La ley inglesa, sin embargo, es más amplia y otorga al particular una mayor, aunque inadecuada protección.

En este campo, el derecho norteamericano es contrario al derecho administrativo francés, que funda la responsabilidad del Estado en la necesidad de resarcir al particular por los daños sufridos por

---

29 GRIFFITH y STREET, op. *cit.,* pág. 241 y sigs.

acciones del Estado, sin considerar si los daños resultan de culpa por parte del Estado.[30]

La doctrina italiana parece estar dividida en este punto. Para que el particular pueda demandar indemnización, Zanobini no admite que sea necesario que haya culpa o dolo, sino solamente un daño derivado de un acto ilegítimo.[31] Guicciardi, en cambio, sostiene que debe existir también culpa.[32]

La jurisprudencia francesa admite también el resarcimiento de los daños morales, que en los Estados Unidos no constituyen motivo suficiente para intentar una acción judicial. En esto la práctica norteamericana se asemeja a la doctrina italiana,[33] y se distingue de la jurisprudencia del *Conseil d'État* que, entre otros, ha resarcido a un sacerdote por daños morales causados por un atentado contra la libertad religiosa, y ha indemnizado a un particular por daños *morales* causados por vejámenes sufridos a manos de la policía.[34]

---

30 «Du moment que l'on admet que la responsabilité des collectivités publiques à raison des fautes de leurs agents n'est pas une responsabilité pour faute, mais une garantie... on peut dès lors admettre que... les personnes ayant subi une préjudice du fait du fonctionnement des services publiques soient admises à réclamer une indemnité sans avoir à prouver aucune faute des agents chargés de gérir le service.» Waline, op. *cit*, pág. 594.

31 Zanobini, op. *cit.*, vol. II, págs. 152-153.

32 Guicciardi, op. *cit.*, págs. 323-324.

33 Zanobini, op. *cit.*, vol. II, pág. 152.

34 Waline, op. *cit.*, pág. 581.

# CAPÍTULO V

# CONCLUSIÓN

El lector que nos ha seguido hasta aquí habrá advertido la falta de principios y reglas generales del derecho administrativo norteamericano; no ignorará tampoco, las graves dificultades enfrentadas por el autor (temo, no siempre superadas felizmente), quien trata de describir este desordenado sistema en pocas palabras dirigidas a lectores acostumbrados a otro sistema, no solo diferente, sino lógicamente más simple y unitario.

En los países del *common law* es posible un desarrollo y adecuación gradual del derecho tradicional de conformidad con las nuevas exigencias sociales, lo que hace que este sistema sea más flexible que un sistema jurídico estructurado sobre códigos. Es simplemente una *ficción* la pretensión de que los jueces del *common law* sean custodios de un derecho perfecto y eterno, conocido completamente por ellos, que revelan gota a gota a través de sus sentencias. En realidad, ellos están en condiciones de perfeccionar este derecho adaptándolo a nuevos casos concretos únicamente cuando estos, salvo por las pequeñas diferenciaciones que los distinguen de los otros, no se alejan de su experiencia tradicional. Los jueces norteamericanos tienen una preparación óptima; para este trabajo; empero, si deben saltar las fronteras de la experiencia secular para enunciar un derecho oscuramente percibido por ellos, se encuentran perdidos y sus sentencias carecen de la pericia que debería enorgullecerlos. Antes de poder crear un derecho administrativo integrado según los métodos del *common law,* es natural, pues, que haya que atravesar por un período dilatado y muy penoso de tiempo, en cuyo transcurso las sentencias no concuerden, los derechos subjetivos no estén adecuada y equitativamente amparados, y falte también ese grado de certidumbre jurídica necesario para la realización de un mínimo de justicia. El sistema del *common law* pues, puede considerarse al mismo tiempo, el más apto para las transformaciones graduales y el menos apto a sufrir transformaciones rápidas y radicales.

Pese a las dificultades enfrentadas cuando se intenta crear una nueva rama del derecho en poco tiempo utilizando los procedimientos del *common law*, todos los norteamericanos —legisladores, funcionarios, jueces, juristas y particulares— son de opinión casi unánime en cuanto a que no sería aconsejable tratar de insertar en el ordenamiento jurídico de los EE. UU., una institución como el Consejo de Estado, derivada de un sistema fundamentalmente distinto. No solamente no se podría insertar fácilmente en el ordenamiento jurídico norteamericano este orgullo y alarde del Estado francés, sino que debe advertirse que la admiración que sienten los franceses por su *Conseil d'État* debería tributarse a los grandes consejeros y destacados abogados que han hecho de esta institución, poco notable en sí misma, un instrumento inobjetable para la realización de la justicia en la administración, respetado por los franceses y envidiado por los extranjeros. Tampoco los franceses han creado su derecho administrativo en un día o en una generación. A todos los pueblos que tienden a la realización de una justicia más perfecta, les conviene cultivar una sobria y laboriosa paciencia, no manchada y debilitada por la condescendencia. Los progresos se hacen, no con la adopción de programas grandiosos e innovadores, sino paso a paso, a través de los esfuerzos diarios y la buena voluntad de muchos.

Sin embargo, la preferencia por el sistema del *common law*, no impone necesariamente, y no debe imponerlo, un programa que atribuya únicamente a los jueces la función de crear el derecho administrativo. El legislador debe aportar su contribución, entre las cuales, hasta ahora, las de los entes reguladores y la *Administrative Procedure Act* son acaso las más importantes. El poder administrador participa en la creación del derecho administrativo conformando la ejecución de sus funciones cuasi-legislativas y cuasi-judiciales a procedimientos que den a sus actos la estructura de un «debido proceso legal» (*due process of law*) algo distinto al «debido proceso judicial», aunque conforme a este por la idoneidad para la realización de idéntico fin, más adaptado al mismo tiempo a la práctica administrativa. También deben aportar su contribución los juristas, cuya doctrina acaso pese más en este nuevo campo del derecho que en los otros terrenos tradicionales en que los jueces se sienten más seguros de sí mismos.

Si fuera necesario demostrar la incapacidad de los jueces para elaborar por sí solos los principios del nuevo derecho, bastaría tal vez con citar los casos en que han debido derogar el principio del *stare decisis*, fingiendo ignorar algunas de sus decisiones anteriores, especialmente cuando en las mismas se han esforzado en fijar principios generales que podrían servir de guía a otros jueces en el oscuro laberinto de la densa jurisprudencia administrativa. En el caso *Clark Distilling Co c/Western Maryland Railway* citado *supra*, la Corte Suprema, en una sentencia escrita por su *Chief Justice*, creyó haber logrado resolver, de una vez para siempre, los problemas derivados de la aplicación del principio *delegata potestas non potest* delegan. En cambio, en el breve período de un cuarto de siglo, esta sentencia ha sido descuidada y hasta ignorada por la jurisprudencia «vigente». En un caso más reciente,[1] otro *Chief Justice* de la Corte Suprema, Charles Evans Hughes, intentó establecer en una sentencia que cuando se produce un conflicto por cuestiones de competencia (*jurisdictional facts*) entre un particular y un órgano administrativo con funciones cuasi-judiciales, el particular tiene derecho a un proceso *de novo* ante un tribunal ordinario. Quince años después, a despecho del sagrado principio del *stare decisis*, un insigne juez de la misma Corte escribió que la causa *Crowell c/Benson* «se había ganado un merecido reposo» («[had] *earned a deserved repose*») y que un jurista podía describir este caso como «una aberración judicial archivada y olvidada sin pesares» («a judicial aberration filed and willingly forgotten»).[2]

La preferencia norteamericana, pues, no se inclina por los jueces, sino por el método gradual inductivo típico del *common law*. «*Make haste slowly*» (apurarse pero lentamente), lo que equivale a decir «chi va piano va sano e va lontano». Esta es la base del sistema angloamericano; asimismo los jueces cuando se apresuran se equivocan, y deben inmediatamente renegar de principios demasiado arriesgados. El profesor Parker expresa este espíritu, compartido por casi todos los norteamericanos, cuando escribe: «aún no ha llegado el momento justo para legislar, en el sentido de codificar o reelaborar el derecho administrativo» («*... our time is not yet mature to legislate, in the sense of codifying or restating administrative law*»).[3]

En la actualidad a ambos lados del Atlántico, los pueblos del *common law* realizan notables esfuerzos para perfeccionar las garantías contra una administración pública solo en parte susceptible de adecuado control. Respecto de la protección garantizada en Francia

---

1 *Crowell v. /Benson*, 285, US 22, 1932.

2 Citado en PARKER, op. *cit.*, pág. 112.

3 *Ibid.*, pág. 81.

por el *recours pour excès de pouvoir,* los norteamericanos han efectuado progresos mayores que los ingleses; empero, si se aprobara el proyecto de ley sobre creación de un tribunal administrativo especial, como parte integrante de la *High Court of Justice,* los ingleses tomarían la delantera, por lo menos momentáneamente.[4] Sin embargo, la protección actualmente garantizada por el derecho administrativo norteamericano en este campo, aunque susceptible de muchos perfeccionamientos, no carece de sólidos méritos.

En el campo del *recours de pleine juridiction* se han hecho algunos progresos, sobre todo en Inglaterra, y es de esperar que en un futuro no muy lejano, tanto en Inglaterra como en los EE. UU., los tribunales ordinarios estén facultados para ofrecer a los particulares la posibilidad (de que hoy gozan los franceses) de obligar a la administración pública a resarcir los daños causados por los actos de sus agentes. A pesar de que la evolución del derecho administrativo en los países angloamericanos ha sido indudablemente demorada por las dificultades inherentes a la adaptación de este derecho al sistema del *common law,* no encuentro razón alguna para creer que este sistema sea inferior al francés y al italiano, respecto de las garantías que está en condiciones de ofrecer al particular, para protegerlo en sus derechos e intereses, lesionados por la actividad administrativa.

NOTA. Esta obra, traducida de la primera edición italiana (1957), ha sido revisada, corregida y especialmente preparada para esta edición en español por el autor y por GIAN-PAOLO BIASIA.

---

4 Véase ALLEN, op. *cit.*, págs. 396-400.

DERECHO ADMINISTRATIVO NORTEAMERICANO,
de JOHN CLARKE ADAMS, se imprimió
en la República Argentina en octubre de 2020.

www.ingramcontent.com/pod-product-compliance
Ingram Content Group UK Ltd.
Pitfield, Milton Keynes, MK11 3LW, UK
UKHW041850190726
13854UKWH00002B/814

9 789563 927023

www.ingramcontent.com/pod-product-compliance
Ingram Content Group UK Ltd.
Pitfield, Milton Keynes, MK11 3LW, UK
UKHW041850190726
13854UKWH00002B/806